Mario Bossert

Der Reiter und das tote Pferd

Mario Bossert

Der Reiter und das tote Pferd

Richtiger Umgang mit Stress

Trainerverlag

Cover image: www.ingimage.com

Publisher:
Der Trainerverlag
is a trademark of
Dodo Books Indian Ocean Ltd., member of the OmniScriptum S.R.L Publishing group
str. A.Russo 15, of. 61, Chisinau-2068, Republic of Moldova Europe
Printed at: see last page
ISBN: 978-620-0-76980-0

Der Reiter und das tote Pferd – Richtiger Umgang mit Stress

Vorwort

Ich wünsche Ihnen viel Freude beim Lesen des vorliegenden Buches, manchmal auch ein verschmitztes Lächeln bei den abgedruckten Zeilen und vor allem eines: viele gute Erkenntnisse, die Sie auf Ihrem Lebensweg weiterbringen und Hindernisse aus dem Weg räumen lassen. Was Sie ebenfalls benötigen ist eine grundsätzliche Offenheit, denn auf die später dargestellten Übungen zur Aufstellungsarbeit sollten Sie sich einfach einlassen. Was anfangs etwas skurril wirkt, erweist sich meist schnell als tolles Hilfsmittel! Ich habe die Aufstellungsarbeit nicht erfunden oder entdeckt, sondern bin lediglich seit einigen Jahren ein begeisterter Anhänger dieses Verfahrens. Allerdings habe ich die Vorgehensweise deutlich modifiziert in den Grundgedanken und im Ablauf. Falls Sie aber schon Erfahrungen mit Aufstellungsarbeit haben, können Sie vielleicht das ein oder andere der hier beschriebenen Vorgehensweise bei sich integrieren und erhalten hoffentlich zumindest ein paar gute Ergänzungen. Das gesamte Verfahren habe ich auf das Grundthema des Buches – den Stress – umgemünzt.

Bitte wundern Sie sich nicht, wenn ich Sie häufig mit Gleichnissen und bildhaften Vergleichen konfrontiere, denn das macht es meist nicht nur amüsanter, sondern zuallererst auch deutlicher und verständlicher! Schon häufig ist es mir in meiner Praxis gelungen, verfahrene Situationen durch einen bildhaften Vergleich transparent zu machen und hierdurch Klarheit zu schaffen. Deswegen dürfen Sie sich schon auf etliche Wiederholungen diverser Aphorismen und des eigentlichen roten Fadens im Buch freuen: nämlich den Reiter und sein totes Pferd.

Die aktuelle Situation unserer Welt hat sich grundsätzlich auch als sehr belastend und stresssteigernd erwiesen, soll aber ganz bewusst keinen großen eigenen Bereich in diesem Buch erhalten. Sehen wir die Situation einfach als einen relevanten zusätzlichen Stressfaktor, den es nur richtig zu betrachten gilt und der sich neben den anderen Stressoren einreiht!

In diesem Buch finden Sie die Geschichten eines ehemals selbst Betroffenen, der sich seinen Stress teilweise selbst gemacht hat, wo eigentlich gar keiner existierte und der hierdurch aber nicht mehr fähig zu Entspannung war. Es gab Zeiten, da hatte ich den ganzen Tag Bauchschmerzen, weil ich mir ständig meine Arbeitsberge betrachtete und der Meinung war, nie damit fertig zu werden. Diese Einstellung macht auf Dauer auch wirklich körperlich krank, wenn man von irgendwelchen Sorgen nicht mehr abschalten kann. Beispielsweise kann es passieren, dass Ihnen sprichwörtlich die Galle überläuft – dann wird ein Arzt zwar höchstwahrscheinlich nicht darauf kommen, dass es der Ärger ist, den Sie ständig in sich reinschlucken, aber Sie können mit dieser Erkenntnis an sich selbst arbeiten. Durch solche Veränderungen in Ihrer Denk- und Handlungsweise habe ich schon viele angeblich chronisch kranke Menschen auf wundersame Art genesen sehen – mich eingeschlossen!

Die Antworten auf Ihre Fragen und Probleme haben Sie schon jetzt parat, eventuell sind sie bislang nur verdeckt, aber ich hoffe, dass wir den Schleier von ihnen lüften können und hierdurch die dargebotenen Lösungen klar erscheinen lassen! In diesem Sinne wünsche ich Ihnen viel Freude und Erkenntnis beim Lesen der vorliegenden Lektüre.

Kapitel 1: Alles Wichtige über Stress

Was ist Stress?

Die einleitende Frage dürfte klar lauten: „Wie definiert sich Stress?" und schon bei dieser Beantwortung ergeben sich erste Probleme, denn für jeden bedeutet das etwas anderes. Im wilden Westen kann man sich vorstellen, dass sich Stress beispielsweise durch einen Postkutschenüberfall mit wilder Schießerei ergeben hat. Es gab hier vermutlich öfter Situationen, in denen der nun immer wieder erwähnte Reiter mit seinem Pferd sich in Lebensgefahr befand. Das trifft auf uns in der westlichen Welt normalerweise eher bedingt zu, aber trotzdem steigt unser sogenannter „Stresslevel" stetig an. Der Grund ist klar, denn es liegt an der unterschiedlichen Wahrnehmung und Einordnung von Situationen, wobei unsere Stresstoleranzgrenze sozusagen das Sammelgefäß ist. Ich greife hier gerne auf einen Vergleich zurück, denn jeder Mensch hat sein eigenes Stress-Glas, in das so lange belastende und stressende Faktoren unseren Flüssigkeitsstand erhöhen, bis es eben überläuft. Das zeigt sich dann durch psychische und physische Veränderungen. Entscheidend ist hier aber unser Gefäß, denn das ist unsere Voraussetzung für die Belastbarkeit. Jemand mit einem Schnapsglas verträgt logischerweise weniger Stress als der Nebensitzer an der Bar, vor dem ein Bierseidel steht. Demzufolge ist ein wesentlicher Faktor unsere Belastungsgrenze, die sich an der möglichen Füllmenge unseres Glases definiert. Bei einem Weizenglas gehen auch mal drei Jobs gleichzeitig, während bei einem Schnapsglas-Besitzer hier schon lange der ganze Tisch eingesaut wäre, weil schon beispielsweise ein Job das Glas fast zum Überlaufen bringen würde. So unterschiedlich sind einfach die Menschen! Der zweite Faktor neben der Glasgröße sind die Flüssigkeiten, die dort eingefüllt werden. Das eben genannte Beispiel vom Beruf wäre ein typischer Faktor, den unseren Füllstand erhöht. Das ist aber auch nicht bei jedem gleich, denn Stress ist völlig subjektiv: das „in Schuss halten des Haushalts" ist hier ein typisches Paradebeispiel, denn für manche ist das schon Stress, während es für andere einfach dazu gehört und auch keinerlei zusätzlichen Stress verursacht. Im übertragenen Sinne bekommt also über den Haushalt mancher eine große Menge Flüssigkeit hinzu, während bei anderen schon nach einem Spritzer Schluss ist. Es gilt also, dass jeder selbst seine Stressoren zunächst einmal findet und auflistet. Das ist die Grundlage, um überhaupt an den Stressoren arbeiten zu können – man muss diese erst einmal ganz klar auf einem Blatt stehen haben, schwarz auf weiß! Und in der Folge kann daran gearbeitet werden, indem die Einstellung zum Stressor geändert wird oder der Stressor selbst geändert, beziehungsweise abgeschafft, wird. Mehr Optionen gibt es nicht, denn alles zu lassen, wie es ist, scheint wohl keine Grundlage für eine Veränderung zu sein. Um wieder das Beispiel unseres Reiters auf dem toten Pferd aufzugreifen: viele Menschen scheinen tatsächlich damit zufrieden zu sein, auf ihrem toten Tier zu sitzen und gefühlt dem Sonnenaufgang entgegen zu reiten. Noch absurder dürfte dieser Vergleich daherkommen, wenn ich Ihnen sage, dass vielen dieser „Reiter" sogar selbst klar ist, dass sie sich auf dem Rücken eines toten Pferdes befinden. Wichtig scheint für manche nur die Illusion des Reitens zu sein – und so reiten sie glücklich bis an ihr Lebensende der Sonne entgegen. Die Grundlage um abzusteigen, ist natürlich zunächst die Erkenntnis, dass das Tier verstorben ist – und wenn diese gewachsen ist, dann auch den Mut zu haben, abzusteigen. Diese innere Bereitschaft ist die Basis für den Beginn jeglicher Veränderung, sonst verbringen wir lediglich Zeit damit, um

Argumente zu suchen, weshalb Veränderung nicht gut wäre. Im übertragenen Sinne auf unser Glas: bloß nicht das Gefäß berühren, sonst könnte es ja überschwappen!

Grundsätzliches zur Gesundheit

Es gibt zwar schon unzählige Gesundheitsratgeber, die sich alle umfangreich und ausführlich mit den typischen Themen zur Gesundheit auseinandersetzen. Daher möchte ich nur ganz kurz auf diesen Aspekt eingehen, denn unsere Stressresistenz und -toleranzgrenze hängt letztendlich doch sehr erheblich an diesen Umständen. Hieraus ergibt sich, welches Glas uns an der Bar zugewiesen wird! Deshalb möchte ich kurz ausholen: Damit alle Prozesse in unserem Körper richtig laufen können, benötigen unsere Zellen viele Nährstoffe in Form von Vitaminen, Mineralien und Spurenelementen. Sind diese nicht ausreichend vorhanden, werden nicht richtig aufgenommen oder zu schnell verbraucht, dann kommt es zu Mangelzuständen. Hierdurch funktioniert die Entgiftung nicht mehr korrekt und wir werden sauer. Sprich: unsere Zellen übersäuern und es kommt zu diversen unspezifischen Symptomen wie Müdigkeit, Kopfschmerzen, Muskelbeschwerden, Verdauungsproblemen, Hautstörungen und vielem weiterem mehr. Die hierbei ebenfalls entstehende niedrige Belastungsgrenze kann sich dabei auch auf unsere Stressverträglichkeit auswirken. Und schon schließt sich der Kreis, was aber auch bedeutet, dass wir an dieser Stelle zumindest die Grundlage schaffen können, damit auch alle Prozesse, die in diesem Buch angestoßen werden sollen, besser und einfacher realisiert werden können. Wohlgemerkt funktionieren die dargestellten Methoden auch vollständig und problemlos ohne Beachtung des folgenden kurzen Kapitels, aber damit besteht zumindest die Möglichkeit, sich selbst körperlich besser aufzustellen. Ich reiche Ihnen nur die Hand – ob Sie sie ergreifen ist Ihre Entscheidung und muss nicht als Basis für alles Weitere gesehen werden! Sie haben also nun die Option das Kapitel zu überspringen oder gleich eine solide Grundlage zu schaffen:

Damit der Körper zunächst all das zur Verfügung gestellt bekommt was er zwingend benötigt, sollten wir darauf achten, dass jeden Tag diverse vielfältige Lebensmittel aus möglichst biologischem Anbau verzehrt werden. Der biologische Hintergrund ist hier besonders wichtig und wird auch streng überwacht! Ein Freund von pauschal eingenommenen Nahrungsergänzungsmitteln bin ich nur in wirklich triftigen Ausnahmefällen durch Erkrankungen. Bei den zuvor genannten biologischen Lebensmitteln sind in der Regel mehr Nährstoffe enthalten als bei konventionellem Anbau vorkommen und auch weniger belastende Pestizide und Medikamentenrückstände nachweisbar. Daher gilt: täglich Salat, Obst, Gemüse, Beeren und Nüsse konsumieren, aber Fleisch und Wurst auf ein möglichst geringes Maß reduzieren. Anders verhält es sich natürlich bei Allergien, aber es sollte jedem auch bereits geläufig sein, dass der Konsum der entsprechenden Lebensmittel bei einer Unverträglichkeit nicht sonderlich zielführend ist. Des Weiteren empfehle ich Ihnen Bitterstoffe in Ihre Ernährung einzubauen, weil diese die Verdauung und in der Folge hierdurch auch alle übrigen Körperfunktionen unterstützen. Achten Sie daher auf bittere Salate wie Chicoree und Endivien, sowie bittere Äpfel- und Birnensorten oder letztendlich Artischocken, welche vorsätzlich Leber und Galle viel Freude bereiten.

Eine weitere Grundlage ist die Reduzierung von Genussmitteln. Ich bin kein Freund von Extremen, daher rate ich immer zu einem schrittweisen Reduzieren und dann dauerhaft reduziertem Konsum von typischen Genussmitteln wie Alkohol, Kaffee und Industriezucker. Ersterer wird zumeist vorsätzlich mit unserer Leber in Verbindung gebracht. Hier kann ich gleich ein wenig den Wind aus den Segeln nehmen: inzwischen haben wir so viele Gifte in unseren Lebensmitteln, Wasser und der Luft, dass die Leber hiermit schon ausreichend zu tun hat. Sie stellt zwar die größte Entgiftungsstelle in unserem Körper dar, hat aber mit eben genanntem fast mehr Probleme als mit moderaten Mengen von Alkohol. Daher darf man sich ruhig auch mal ein Gläschen Rotwein gönnen – wie bei allem macht die Menge das Gift. Anders verhält es sich mit dem Rauchen: hier schadet wirklich jede Zigarette, aber trotzdem verhält es hier genau wie zuvor: wenn Sie schrittweise eine Reduktion schaffen, können Sie sich hierüber freuen, statt sich über die weiterhin konsumierte Menge zu ärgern. In kleinen Schritten zum Erfolg ist nachhaltiger als eine Radikalkur! Meist enden solche Versuche nämlich mit Frustration, die dann zu einem völligen Erliegen jeglicher weiterer Umstellungsversuche führt. Beim Kaffee und Tee bin ich zwiegespalten: den meisten Menschen lasse ich durchaus ihre Tasse Kaffee, wenn sie diese als Genuss nicht missen möchten. Die großen Mengen sind das größere Thema: durch das Koffein des Kaffees oder Teein bei schwarzem und grünen Tee kommt unser Körper ständig mit einer stresserhöhenden Droge in Berührung. Da sich grüner Tee aufgrund vieler anderer positiver Stoffe in genannter Liste nur bedingt aufführen lässt, kann ich diesen gegenüber den anderen zwei Varianten als besser empfehlen. Zuletzt muss ich noch das größte Problem unserer Zeit aufführen: den Industriezucker – das weiße Gift. Allein schon die Werbung suggeriert jedem Lebensfreude und andere tolle Dinge, wenn man sich regelmäßig irgendwelche Süßigkeiten einverleibt. Dabei ist völlig egal, ob es sich tatsächlich um Süßigkeiten handelt oder zahlreiche der weiteren Lebensmittel, in denen mittlerweile größere Mengen des weißen Stoffes zugesetzt werden. Eigentlich haben wir fast überall Zucker zugesetzt, was darauf beruht, dass es sich um einen süchtig machenden Zusatz handelt. Das erhöht den Konsum und zeitgleich auch das Verlangen, zeitnah erneut zuzuschlagen! Wenn Sie Industriezucker größtenteils aus Ihrer Ernährung verbannen, merken Sie einen regelrechten Entzug, der sich mit Unwohlsein bis hin zu Krankheitsgefühl äußert. Allein das zeigt schon, welche Wirkung der Stoff in unserem Körper auslöst und wie sehr seine Gefährlichkeit unterschätzt wird. Deshalb mein Rat an Sie: Industriezucker lieber durch Fruchtzucker in Form von Obst ersetzen und den künstlichen Zucker nach und nach reduzieren. In der Wichtigkeit sehe ich diesen Stoff sogar an oberster Stelle noch vor Alkohol und Kaffee!

Um unsere Entgiftungsorgane zu unterstützen, sollte außerdem immer ausreichend Flüssigkeit im Körper vorhanden sein. Am Besten eignen sich hierfür Kräutertees und stilles Wasser. Falls Sie ausschließlich Mineralwasser trinken, können Sie die Umstellung über Medium zu still langsam vornehmen. Sie werden sehen, dass das auf diesem Weg überhaupt kein Problem darstellt. Hintergrund hierfür ist die Kohlensäure, welche bereits im Namen die Säure enthält – diese ist für unseren Körper nie förderlich. Die Trinkmenge sollte bei zwei bis drei Litern in Summe liegen. Eine typische Faustformel sind 30ml pro Kilogramm Gewicht. Alkohol und Kaffee werden bei mir nie miteinberechnet, auch wenn darüber kontroverse Aussagen im Umlauf sind, ob Kaffee nun Flüssigkeit darstellt oder nicht. Um es einfacher zu machen, rechnen Sie ihn bitte nicht dazu und bemühen Sie sich, auf die erforderliche Tagesmenge zu kommen. Mehr als vier Liter Flüssigkeit kann oftmals nicht empfohlen werden, da Herz und Nieren diese Mengen erst einmal verarbeiten müssen und das für viele Menschen definitiv zu viel sein dürfte.

Des Weiteren möchte ich Ihnen noch einen guten Schlafplatz empfehlen: wenn Sie merklich schlecht schlafen, schadet der Versuch eines Schlafplatzwechsels für mindestens einen Monat nicht! Sehr viele Menschen lagen bereits auf entsprechenden Erdfeldern und haben sich damit nicht gut gefühlt. Nach einem Bettplatzwechsel dauerte es oft nur wenige Wochen, bis sich hier etwas zum Positiven veränderte. Man muss tatsächlich bedenken, dass unser Schlafplatz die größte Wichtigkeit hat, weil unser Körper in den Nachtstunden sehr stark entgiftet und Entzündungen bekämpft, was er untertags durch Verdauung und Körperleistung nicht kann. Deswegen haben auch strahlende Quellen in Schlafplatznähe nichts verloren. Das bedeutet, dass kein Mobiltelefon auf dem Nachtkästchen und kein Fernsehapparat oder Radiowecker in unseren Schlafräumen vorkommen sollten. Bei ersterem genügt es aber, den Flugzeugmodus über Nacht zu aktivieren, damit das Gerät keine Strahlen aussendet und empfängt. Häufig ist auch das DECT-Schnurlostelefon oder WLAN des Routers zu nah am Schlafplatz, sodass es ebenfalls einen gesunden Schlaf unterbindet. Man geht von mindestens zehn Metern – gerade und direkt, auch durch die Wände, aus! Jetzt obliegt es Ihnen, ob Sie ganz radikal etwas für Ihre Gesundheit tun wollen oder nicht: deaktivieren Sie einfach mit einer Steckdosenleiste vor dem Zubettgehen den Router und das Telefon. Alternativ gibt es noch technische Möglichkeiten, wie beispielsweise einen nächtlichen Timer für das WLAN zu setzen, damit es automatisch nachts ausgeht oder ein altertümliches Kabeltelefon einzusetzen.

Der letzte relevante Schritt auf den ich kurz eingehen möchte, ist die Sauerstoffversorgung in unserem Körper: unsere roten Blutkörperchen sind hierfür zuständig, aber damit sie den Sauerstoff überall hin befördern können, benötigen sie über die kleinsten Gefäße unserer Lungen, die Kapillaren, zunächst den eigentlichen Rohstoff „Sauerstoff". Damit wir das Sicherstellen, genügen insgesamt wenige kleine Anpassungen in unserem täglichen Leben: am Besten reißen Sie morgens gleich das Fenster auf und nehmen erstmal zehn tiefe Atemzüge der Luft von draußen. Hier gibt es nur zwei Ausnahmen, in denen Sie das nicht tun sollten: entweder Sie leben neben einer Jauchegrube oder einer stark befahrenen Straße. In beiden Fällen könnten die schlechten Partikel der eingeatmeten Luft mehr Schaden anrichten als Nutzen bringen! In allen anderen Fällen macht es durchaus Sinn, kurz durchzuatmen, um gleich morgens auf Touren zu kommen. Des Weiteren eignen sich abendliche Spaziergänge sowohl zum Entspannen wie auch zur Sauerstoffauffüllung im Körper. Eine Viertelstunde an jedem Abend kann bereits wahre Wunder vollbringen. Wenn diese Spaziergänge dann noch in Waldnähe stattfinden, bringt Ihrem Körper das einen zusätzlichen Pluspunkt. Natürlich spricht auch nichts gegen leichten Sport wie Schwimmen, Radfahren oder Joggen, aber bedenken Sie bitte immer: ein gutes Mittelmaß bringt einem immer mehr als die Extreme!

Damit möchte ich Sie nicht weiter mit gesundheitlichen Themen behelligen und wir kehren zurück zum eigentlichen Kernziel dieses Buches: dem Stressabbau.

Ein riesiger Haufen Pferdeäpfel

Zu Beginn unserer Geschichte lebt das Pferd des Reiters natürlich noch, so wie sich das für ein gutes Pferd gehört! Allerdings geht es anfangs um seine biologischen Hinterlassenschaften, die man unschwer erkennen kann, wenn man den Blick nicht nur nach vorne richtet, sondern sich auch mal umdreht und nach hinten schaut. Betrachtet man dann den Weg, welchen man auf dem Rücken seines Pferdes zurückgelegt hat, dürften die vereinzelten größeren und kleineren dunklen Haufen auffallen, die man delikaterweise gemeinhin als Pferdeäpfel bezeichnet. Falls Sie sich nun fragen, was Sie dieser Mist interessiert, weise ich auf das Problem vieler Menschen hin, nämlich stetig genau diese Haufen zu betrachten! Ist es Ihnen nicht auch schon passiert, dass Sie gesagt haben: „Heute gebe ich Vollgas, heut wird richtig was aufgearbeitet!" Und dann verbringen Sie den Großteil Ihrer Zeit damit, die einzelnen Arbeitspakete zu betrachten und können sich gar nicht entscheiden, mit welcher unliebsamen Aufgabe Sie denn nun starten mögen. Deswegen hasten Sie von Haufen zu Haufen, werfen einen kurzen Blick darauf, kehren ihn vielleicht ein wenig praktischer zusammen, aber schweifen dann schon ab zum nächsten Haufen. Grund könnte sein, weil sich die Aufgabe insgesamt als wenig angenehm erweist. Vielleicht wissen Sie nicht, wie Sie den Haufen angehen sollen oder es ist Ihnen schlicht ein Greul, die Hinterlassenschaften wegzuräumen. Letztendlich geht es einfach nur darum, sich kleine Aufgaben zu schnappen, sie abzuarbeiten und damit abzuschließen. Wenn man sich darin verrennt, die „richtige" Aufgabe für den passenden Moment zu finden, kommen wir nie wirklich vorwärts und jeder Tag fühlt sich einfach nur frustrierend an. Wenn ich aber merke, dass ich mir eine Aufgabe vorgenommen habe, die zum jetzigen Zeitpunkt einfach nicht realisierbar ist, dann muss ich das auch erkennen und den großen Brocken entweder in kleine Arbeitspakete aufteilen oder den Haufen hintenanstellen und zunächst mit etwas anderem starten. Wohlgemerkt sollte diese Entscheidung aber einmal bewusst gefällt werden, sonst stehen wir in wenigen Tagen wieder vor demselben Haufen und überlegen uns genau die gleichen Dinge. Bedeutet dann aber, dass wir am Ausgangspunkt angekommen sind und die ganze Thematik von vorne beginnt, ohne uns wirklich weiterzubringen. Damit wir also ein wenig Struktur in unsere Pferdeäpfel bringen, sollten wir mit einer ersten wichtigen grundlegenden Aufgabe starten: wir sortieren unsere Haufen! Nehmen Sie sich also bitte einen Block und einen Stift – jetzt geht es schon aktiv los!

Eine Liste unserer ganz persönlichen Pferdeäpfel

Als Vorbereitung für eine gute Struktur unserer Pferdeäpfel sollten Sie das Blatt in sechs Spalten unterteilen:

- Spalte 1: enthält den Stressor. Es wird prägnant mit möglichst einem Wort der jeweilige Stressor aufgelistet. Das können dauerhafte kleine Themen oder auch große einmalige Themen sein. Die Definition was dorthin gehört, können nur Sie selbst treffen! Mögliche Beispiele könnten die Arbeit, Ehrenämter, Familie oder Haushalt sein. In der Folge wird hierauf aber noch detaillierter eingegangen.
- Spalte 2: jeder Stressor muss einem von zwei Blöcken zugeordnet werden, denn ein Punkt kann emotional (abgekürzt mit „e") oder körperlich (abgekürzt mit „k") empfunden werden und entsprechende Aufgaben nach sich ziehen. Manches stresst

uns nur gedanklich, während anderes einer konkreten Handlung und somit körperlicher Tätigkeit bedarf. Wenn Sie bei dem jeweiligen Punkt Anteile in beiden Teilen erkennen, notieren Sie in dieser Spalte eine Kombination mit „e+k"

- Spalte 3: hier wird die Zeitintensität eines jeden Punktes erfasst. Ihnen steht eine Werteskala von 1 (wenig Zeitaufwand) bis 3 (sehr zeitaufwändig) zur Verfügung. Die Aufteilung ist bewusst sehr knapp gefasst, damit Sie sich nicht damit verrennen, in welchen Bereich die Aufgabe einzusortieren ist.
- Spalte 4: empfundene Stärke/Intensität eines jeden Punktes für Sie persönlich, dargestellt als 1 (schwache Wahrnehmung) bis 5 (sehr starker Einfluss). Damit ist demzufolge die Relevanz des Themas, beziehungsweise dessen Einfluss auf Sie gemeint. Wie stark beeinträchtigt der Punkt Sie in der täglichen Wahrnehmung?
- Spalte 5: hier wird die Summe der zuvor festgelegten Werte von Spalte 3 und 4 aufgeschrieben
- Spalte 6: Ranking der Positionen auf Basis von Spalte 5, wobei die größten Zahlen die höchste Wertigkeit erhalten und Sie selbst anschließend bis maximal fünf Stressoren auswählen sollten, die sich als die Hauptträger herauskristallisieren. Diese fünf Punkte definieren später unsere Blöcke, um die wir uns einzeln kümmern werden, weil sie den größten Einfluss auf Sie ausüben. Später benötigen wir die Plätze auf dem Podest für die ersten drei Positionen noch detaillierter und erweitern die Gewinner um das erweiterte Siegerteam von Platz vier und fünf. Sollten Sie anhand der Punktzahl mehrere Positionen auf Platz fünf haben, dann entscheiden Sie, welche der einzelnen Punkte für Sie gefühlt den größeren Einfluss haben.

Kommen wir nun zum Erstellen der Liste, wofür ich Ihnen ein paar Ansätze liefern möchte:

Bitte notieren Sie alle Faktoren, die Sie stressen, beziehungsweise was Sie als Aufgabenpakete sehen. Beispiel hierfür ist natürlich der Beruf – oder bei manchen auch mehrere Jobs. Es zählt wirklich alles: vom Bürojob bis hin zum Zeitungsausträger. Alles bekommt hier eine eigene Position auf unserem Blatt.

Für viele gibt es dann noch einen Zwischenbereich zwischen Beruf und Freizeit, in dem sich alles befindet, was man zwar irgendwie freiwillig macht, aber schon eine gewisse Verpflichtung beinhaltet. Demzufolge die Vereinsmitgliedschaft oder gar ein Ehrenamt in Verein, Politik oder sonstwo. Ob ein solcher Punkt auf die Liste gehört, definieren Sie selbst durch Ihre Wahrnehmung der jeweiligen Tätigkeit. Handelt es sich auch nur ansatzweise um einen Stressor oder ist das gar Ihr Ausgleich für den Stress, den Sie tagtäglich haben?

Der genannte Block ist natürlich erweiterbar, denn auch Tätigkeiten, die regelmäßig wiederkehrend sind und einfach gemacht werden müssen, sollten nicht vergessen werden: der Haushalt ist hier das Paradebeispiel und kann auch möglicherweise noch in Einzelpunkte unterteilt werden. Nur achten Sie bitte darauf, dass Sie sich nicht verzetteln, denn es ist nicht unser Ziel, am Ende hundert Punkte auf der Liste zu haben, sodass wir nach dem Erstellen der Auflistung noch ratloser sind wie zuvor. Der Haushalt sollte also nicht in Geschirr spülen, Saugen und Wischen unterteilt werden, sondern möglichst kompakt daherkommen. Das gleiche trifft auf die Gartenarbeit zu. Auch Aufgaben wie die Betreuung des Nachwuchses, Pflege von Verwandten oder ein Haustier müssen unbedingt auf die Liste. Private Bürotätigkeiten stellen für viele ebenfalls einen stetig wiederkehrenden und meist auch ungeliebten Block dar. Es gibt sehr viele Menschen, die alle Briefe und offiziellen

Schriftverkehr auf einen Haufen werfen und einmal im Jahr alles in Ordner sortieren. Ganz ehrlich: machen Sie das häufiger, sodass Sie schneller fertig werden und erst gar nicht ein relevanter Aufgabenblock daraus entstehen kann, denn mit jedem Brief, der den Haufen wachsen lässt, wird die Motivation meist kleiner statt größer. Wenn bei Ihnen aber über lange Sicht schon ein Berg entstanden ist, dann können Sie das gern auf die Liste setzen, denn eine einmalige Aufarbeitung dieser Aufgabe darf durchaus als größerer Block betrachtet werden. Hiernach sollten Sie sich aber an meine Worte halten und diese Tätigkeit regelmäßig abarbeiten, um gar keinen Aufgabenblock mehr hieraus entstehen zu lassen.

Nicht zuletzt sollte erwähnt werden, dass auch rein emotionale Themen als Block betrachtet werden können. Falls Sie beispielsweise eine Trennung oder Erbsache sehr beschäftigt, kann dies ebenfalls einen Platz auf unserer Liste erhalten.

Und nun sind Sie an der Reihe und dürfen sich alle Zeit der Welt nehmen, die Sie benötigen, um die genannte Tabelle anzufertigen. Bitte verwenden Sie für diese Aufgabe ausreichend Zeit, denn das ist die absolute Grundlage für alles, was im weiteren Verlauf des Buches folgt. Natürlich ist mir auch bewusst, dass eine Liste nicht für jeden Charaktertyp geeignet ist, denn manche nutzen beispielsweise den Kühlschrank mit kleinen Notizzetteln, was aber für die Methodik in diesem Buch völlig ungeeignet wäre. Demzufolge möchte ich Sie inständig bitten, eine Liste gemäß der erklärten Vorgehensweise zu erstellen – ob das nun Ihrer eigentlichen Vorgehensweise entspricht oder nicht. Danach spricht nichts dagegen, die Auflistung von Aufgaben und Abarbeitung von Notizen wieder auf dem geliebten Kühlschrank oder einer Korkwand vorzunehmen.

Als abschließenden Tipp möchte ich Ihnen noch an die Hand geben, dass Sie alles auf die Liste nehmen sollten, was Ihnen einfällt. Grübeln Sie nicht ewig, ob das nun zur Auflistung gehört oder nicht – spätestens bei der Bewertung wird sich dann zeigen, ob der Punkt wirkliche Relevanz hat oder nicht. Grundsätzlich können Sie nichts falsch machen, also nur keine falsche Scheu! Wenn Sie die Liste abgeschlossen haben, legen Sie sie zur Seite und heben Sie sie gut auf: im weiteren Verlauf wird sie die Grundlage des weiteren Vorgehens sein.

Der schwarze Mann

Damit meine ich einen speziellen Personenkreis, muss aber gleich vorweg sagen, dass die eigentliche Relevanz hinter dem Begriff ein Denkmuster ist. Jeder kennt solche Personen aus seinem Umfeld, weil es hiervon so viele gibt, dass man um Kontakte gar nicht umherkommt. Man erkennt sie daran, dass sie fast ausschließlich negative Gedanken hegen: Freunde, Arbeit, Familie, Politik – man könnte die Liste unendlich erweitern – werden permanent schlecht geredet und kritisiert. Dabei bekommt man schnell ein sehr depressives Weltbild vermittelt, denn schon nach kurzer Zeit frustriert einen wirklich gleich komplett das eigene Leben. Alles ist schlecht, jeder ist ein (mit Verlaub) A...loch, die Politik macht alles falsch, uns geht es immer schlechter. Ich glaube, Ihnen wird gerade schon klar, welche Personen aus Ihrem Umfeld in ein solches Spektrum fallen. Und falls Ihnen nun auffällt, dass Sie selbst eine solche Denkweise haben, möchte ich Sie ermutigen, auch mal manches gelassener zu sehen und nicht so vieles von vornherein negativ zu bewerten. Der einzige, den Sie auf Dauer mit einer solchen Denkweise treffen, werden Sie selbst sein. Denn achten Sie bitte auf die

Formulierung: „Sie ärgern sich" – nun ist es nicht entscheidend, worüber Sie sich ärgern. Der eigentliche Kern der Sache ist der, dass Sie sich selbst ärgern. Egal gegen wen oder was sich Ihr Ärger richtet, wird sich die Situation hierdurch nicht einmal ansatzweise ändern. Nehmen wir einmal das Beispiel der Politik: wenn Sie sich hier über die Politik des Landes in dem Sie wohnen ärgern und ständig schimpfen, geht unter Umständen Ihr Blutdruck hoch, der Atem wird schneller, Schweiß schießt Ihnen aus den Poren, aber: die Politik wird morgen genauso unverändert weitergehen wie bisher. Ihr Ärger darüber geht der Politik – mit Verlaub – völlig am Allerwehrtesten vorbei. Und was dem Ganzen noch die Krone aufsetzt: die Politik weiß nicht einmal, dass Sie sich darüber ärgern. Fassen wir das Ganze also auf drei Kernfragen und Antworten völlig plakativ zusammen:

1. Wem nutzt Ihr Ärger?
   Antwort: niemandem!
2. Wem schadet Ihr Ärger möglicherweise physisch und psychisch?
   Antwort: nur Ihnen!
3. Was sind die Auswirkungen Ihres Ärgers?
   Antwort: für das Thema selbst – gar keine, für Sie: möglicherweise gesundheitliche Folgen!

Jetzt ist es natürlich so, dass man nicht von heute auf morgen einfach seine ganze Lebenseinstellung über Bord werfen kann und sagt: ab sofort sehe ich alles anders! Das könnten Sie vielleicht sagen, aber das Entscheidende ist einfach nur, wie es in Ihnen aussieht und was ihr Denken, also ihr Unterbewusstsein, dazu sagt. Menschen können sich auch grundlegend nur sehr schwer ändern, aber das sollte nicht dazu führen, dass Sie es von vornherein gar nicht erst versuchen. Hier kommt oftmals nämlich das nächste Muster der genannten Personengruppe zum Tragen: Veränderungen werden abgelehnt und fadenscheinig verargumentiert. Hier greifen dann häufiger die Totschlagargumente: „Das klappt sowieso nicht", „Ich bin nunmal so", „Das war schon immer so" oder „Das lässt sich eh nicht ändern".

Das mag grundsätzlich auch alles richtig sein, aber bedenken Sie dabei bitte meine vorherigen Worte: Sie ärgern nur ausschließlich sich selbst. Um bei unserem grundsätzlichen Beispiel des Reiters mit dem toten Pferd zu bleiben: wenn ein anderer Reiter an Ihnen vorbeizieht und sie darauf hinweist, dass Sie auf einem toten Pferd sitzen, dürfen Sie gerne dort sitzenbleiben. Der Reiter, welcher Ihnen einen hilfreichen Tipp gegeben hat, wird seiner Wege gehen und seinem Ziel entgegen reiten. Wenn Sie irgendwann verdurstet vom Pferd fallen und denselben körperlichen Zustand annehmen, wie ihr ursprüngliches Transportmittel, wird sich der andere Reiter beispielsweise gerade in einer Bar das nächste Getränk bestellen. Für ihn wird sich an Ihrem Zurückbleiben nichts ändern! Und noch schlimmer: er wird es möglicherweise nicht einmal mitbekommen, welches Schicksal Ihnen wiederfahren ist.

Deswegen sollte jeder das tun, was in seiner persönlichen Macht steht. Ich möchte Ihnen ein Beispiel nennen, das beinahe täglich in jeder Runde diskutiert wird: Die politischen Zustände werden Sie direkt nicht verändern können, also bringt es auch nichts, sich täglich über unsere Massenmedien aufzuregen, was nun wieder passiert ist oder entschieden wurde. Das wäre so, als würden Sie auf Ihrem toten Pferd sitzen mit dem Ziel, dem Sonnenaufgang entgegen zu reiten. Wenn Sie dann merken, dass die Sonne tatsächlich auch immer mal wieder untergeht, identifizieren entsprechende Personen den Sonnenuntergang als den Fehler im System und machen diesen zum Grund für Ihr Schimpfen und Ihre Unzufriedenheit. Doch auch wie bei der Politik, wird es der Sonne ebenfalls an ihrem heißen Hinterteil vorbeigehen, wenn Sie das ärgert – sie wird trotzdem jeden Tag auf- und untergehen. Einen Ausnahmefall als Ergänzung gibt es aber für die Situation der Politik (nicht den Sonnenzyklus) noch: Sie dürfen gerne selbst aktiv werden, wenn Sie das Gesamtbild an etwas dermaßen stört. Dann treten Sie in eine Partei ein, gehen Sie auf Demonstrationen, suchen Sie Gleichgesinnte... aber das Wesentliche ist: TUN Sie etwas! Sitzenbleiben auf dem verwesenden Pferd ist sicherlich keine Option.

Oftmals bietet es sich daher an, einem alten Sprichwort bezüglich Ihrer Probleme mehr Gewicht in Ihrem Leben zu geben: „Love it, change it or leave it"

Das bedeutet: Sehen Sie sich eine Situation genauer an, überlegen Sie, ob sie sich damit wirklich abfinden können. Hierfür müssen Sie nicht – wie im Sprichwort – anfangen, ein Problem zu lieben. Es genügt schon, wenn Sie aus Ihrem tiefsten Inneren heraus Ihre Einstellung dazu in etwas Positives verwandeln. Übertragen wir das nun auf unseren bildlichen Vergleich, stellt sich die Frage, ob es einer dauerhaften Lösung entsprechen würde, das tote Pferd und auch seinen stetig zunehmenden Geruch tatsächlich zu lieben. Hier wäre dann gesunder Menschenverstand zu empfehlen, denn nach einiger Zeit muss wirklich jeder zugeben, dass die Liebe zu einem toten Pferd tatsächlich auch ein böses Ende nehmen würde. Alternativ bleibt Ihnen also die zweite Möglichkeit: Sie können die Situation verändern. Bedeutet: versuchen Sie das Pferd wiederzubeleben! Und wenn Sie dabei feststellen, dass es scheinbar nicht einmal mehr zuckt, dann steigen Sie ab und suchen Sie zu Fuß das Weite. Ändern Sie dann im übertragenen Sinne als Konsequenz Ihre Handlungen und machen Sie bitte nach dem gescheiterten Wiederbelebungsversuch nicht den Fehler, der häufig dann gemacht wird. Erneut auf das Pferd aufsitzen, über seine mangelnde Bewegungsfreudigkeit schimpfen und weiter abwarten.

Dazu müssen Sie aber lernen, diese innere Stimme, die Sie wieder in die Ausgangslage zurückempfiehlt, abzustellen. Und nun haben wir endlich den Punkt erreicht, auf den wir eingangs schon hinaus wollten: stellen Sie den schwarzen Mann ab, der Ihnen, wie das Teufelchen auf der Schulter, ständig Steine in den Weg legen möchte. Für viele ist es schwierig, hier den Absprung vom fahrenden Zug zu schaffen, denn der Aufprall neben den Gleisen könnte kurz mal sehr schmerzhaft werden. Aber auf einen Bahnhof zu warten, der vielleicht nie kommt, kann sich auch ganz schön ziehen. Deswegen springen Sie doch einfach mal über Ihren Schatten, lassen Sie den schwarzen Mann zurück und springen Sie. Auch diese Entscheidung will aber geprüft werden, denn es macht keinen Sinn, sich abzustoßen, wenn der Zug zum Beispiel gerade über eine Brücke fährt. Hier kommt der Aufprall zwar wesentlich später, aber eines dürfte Ihnen schon jetzt klar sein: er wird ungleich härter und kann dazu führen, dass es anschließend wirklich nicht mehr zu einer Veränderung kommen wird. Auch wenn das Ganze sich vermutlich extrem bildhaft liest und auch übertrieben scheint – Sie glauben nicht, wie viele Menschen genau so handeln. Mir sind viele Fälle aus meiner Praxis bekannt, die sich wahrlich selbst veräppeln, indem Sie immer sagen, dass sie nichts an Ihrer Situation verändern können. Dann werden zahlreiche fadenscheinige Argumente angeführt und letztlich starten sie dann tatsächlich einen Versuch – wissen aber von vornherein, dass er scheitern wird. Diese Menschen stehen dann anschließend wieder bei mir und beteuern nun noch vehementer, dass sie ja schon anfangs wussten, dass sie nichts ändern können. Es fällt einem aus meiner Perspektive natürlich schwer, hier nicht den Kopf zu schütteln, wenn man sieht, wie jemand unendlich lange wartet mit seinem Absprung und dann ansetzt, wenn der Zug auf eine Brücke rollt. Man möchte mit der Hand an die Stirn klatschen, während der Springende durch die Luft sinkt, weil man oftmals schon weiß, was die nächsten Argumente sein werden, die einem dann entgegen kommen: „Ich habe ja gleich gesagt, dass ich mich nicht ändern kann" oder „Ich kann an der Situation nichts ändern – sonst wird alles noch schlimmer".

Ich hatte einmal eine Patientin in meiner Praxis, die große gesundheitliche Probleme hatte. Alle Versuche, ihr dahingehend zu helfen, schlugen recht schnell fehl, aber sie selbst hatte sogar die Lösung bereits selbst erkannt: dieselbe Erkrankung hatte sie bereits in vielen partnerschaftlichen Beziehungen zuvor auch schon erlebt. Es war immer gleich abgelaufen: neuer Partner, jeweils ein Kind zusätzlich und dann innere Unzufriedenheit, weshalb sie ausbrechen wollte. War die Beziehung dann beendet, ging es ihr auch wieder gut. Nun hatte diese Frau schon mehrfach den Absprung vom fahrenden Zug geschafft, doch war sie immer wieder erneut auf denselben aufgestiegen. Sie hätte ihre grundsätzliche Einstellung zu Männern genauer betrachten und die Gründe für Ihre Probleme und die Unzufriedenheit identifizieren können. Hieraus hätten sich dann Ausstiegsmöglichkeiten aus dem Teufelskreis ergeben, aber stattdessen saß sie vor mir und lamentierte nur, es ließe sich nichts ändern. Ich versuchte dann mehrfach vergeblich, sie zu motivieren, um Zufriedenheit in Ihrer Beziehung zu erlangen. Problem war, dass sie diese Option des „Glücklichseins" selbst ausschloss. Die dann zu ziehende Konsequenz der Trennung wischte sie nur beiseite mit Argumenten der finanziellen Abhängigkeit und Angst vor dem Alleinsein. Letztendlich beendete sie also die Behandlung, gleichbedeutend hiermit blieb sie auf dem Zug sitzen und fuhr weiter. Im Märchen würde man sagen: „und wenn sie nicht gestorben ist, dann fährt sie noch heute".

Ich hoffe, das Beispiel veranschaulicht Ihnen vielleicht das Problem in der genannten Situation: Sie ärgern nur sich selbst und sonst niemanden – mein Leben, alle in Ihrem Umfeld und schlichtweg die ganze Welt, hat keinen Nachteil daraus, wenn Sie auf dem fahrenden Zug sitzen und ein Leben lang im Kreis fahren. Sie kennen das Lied bestimmt: Es fährt ein Zug nach nirgendwo – dann mal gute Reise!

Daher hoffe ich nun inständig, dass Sie sich beim Lesen dieser Zeilen entschlossen haben, ihr One-Way-Ticket doch nicht einzulösen. Glauben Sie mir: es gibt auch andere schöne Zugrouten – und diese Route können nur Sie selbst festlegen - die Züge fahren so oder so.

Wichtig ist nur, dass Sie sich von dem sogenannten schwarzen Mann nicht in Ihrer eigenen Entscheidungsfreudigkeit bremsen lassen und am Ende auf dem gleichen Zug landen, wie der schon Fahrende. Dieser würde sich hierüber natürlich freuen, denn zu zweit fährt es sich ja viel leichter, weil man sich gemeinsam über die furchtbare Situation auslassen kann. Das bringt nun aber weder dem schwarzen Mann etwas, noch Ihnen selbst!

Also verfolgen Sie Ihre Ziele, ungeachtet der mahnenden Zeigefinger der schwarzen Männer und falls sie gerade fühlen, dass sie selbst einen solchen schwarzen Anteil bei sich ausgemacht haben, dann seien Sie bereit, diesen durch Helligkeit und damit einhergehender Veränderungsfreudigkeit zu ersetzen. Diese Bereitschaft muss natürlich erst langsam keimen und wachsen. Grundlage dafür ist, dass Sie das zarte Pflänzchen immer fleißig gießen, sprich: trauen Sie sich, zunächst kleine Veränderungen zu machen und die Herausforderungen dann langsam immer mehr zu steigern. Mit jedem kleinen Erfolgserlebnis wird der Einfluss des schwarzen Mannes nämlich schrumpfen und irgendwann lässt er von Ihnen ab. Falls Sie glauben, dass Sie diesen Weg nie im Leben schaffen, lassen Sie es sich von mir gesagt sein: es geht, wenn Sie es wirklich wollen!

Vor einigen Jahren war ich selbst noch ein Ordnungstyp durch und durch – Struktur musste bei allem gegeben sein und spontane Veränderungen wurden vehement bekämpft! Damals glaubte ich, dass ich auf dem richtigen Weg war, die korrekte Sichtweise meines Lebens hatte und redete mir daher ein, dass das tote Pferd meinen wohligen Begleiter darstellte. In jeder Charaktertypenlehre gibt es einen ähnlichen Typ, der sich nicht aus seiner klaren Struktur heraustraut und alles, was anders ist, als falsch abtut und ausschließt. Diese selbst auferlegte Überordnung strengt nicht nur einen selbst massiv an, sondern zumeist auch die einen umgebenden Menschen. Ich durfte damals lernen, wie schön der Genuss ist und wie befreiend es auch mal sein kann, wenn nicht alles immer hundert Prozent akkurat abläuft und vollständig durchgeplant ist. Umso erfüllender sind die hieraus hervorgegangenen Veränderungen, wenn man bereit ist, seinen bisherigen Weg zu verlassen und Fehler einzugestehen. Dabei lernt man Veränderungen mit Risiken einzugehen und auch ein gefühltes Scheitern als einen positiven Lernprozess zu sehen.

Außerdem kann resümiert werden, dass Veränderungen unser Leben erst lebenswert machen. Wenn ich etliche Jahrzehnte hinter mich gebracht habe und in dieser Zeit auch vieles erleben wurde, kann man sich die Frage stellen, an welchen Ereignissen man eigentlich gewachsen ist. Waren es die Dinge, bei denen alles nach altbekanntem Muster immer glatt lief? Wenn Sie nun ehrlich zu sich selbst sind, wissen Sie, dass es genau diese Zeiten nicht sind, die einen vorwärts bringen. Grundsätzlich sind es Veränderungen, Schicksalsschläge und die unruhigen Zeiten, welche einen wachsen lassen und Lebenserfahrung bringen. Man kann das Leben nicht verlängern, aber man kann es vertiefen! Wenn ich das bei mir betrachte, war es ein heftiger Auszug von daheim, bei dem ich ins kalte Wasser geworfen wurde, der Tod meiner Mutter, die drohende Arbeitslosigkeit, das Auseinandersetzen der eigenen Endlichkeit im Rahmen einer schweren Krankheit. All das sind die Ereignisse, welche auf der Zeitschiene eines Lebens markiert sein sollten und nicht die ruhigen Fahrwasser, in denen sich eigentlich nichts Wesentliches ereignete und veränderte. Friede, Freude und Eierkuchen sind zwar zwischendurch auch mal angenehm, aber sollten auf Dauer wieder von Herausforderungen unterbrochen werden, denn Stillstand wird irgendwann öde und langweilig. Jetzt können Sie natürlich gerne sagen, dass Sie aber auch die ruhigen Zeiten genossen haben. Damit haben Sie auch Recht, denn wer möchte nicht einfach mal stehen bleiben, durchatmen und den Moment genießen? Daher sollen Sie ja auch genau diese Zeiten von ganzem Herzen genießen, aber das dortige Stehenbleiben sollte nicht ihren dauerhaften Impuls darstellen. Alles, was sich verändert, lebt. Nur Bewegung hält uns am Leben, am Puls der Zeit. Stillstand im Sinne von Erstarrung ist zumeist nicht weit entfernt vom Ende. Oftmals ist es die Stimme des schwarzen Mannes, welche einem suggerieren will, dass man sich in seiner Starre am wohlsten fühlt. Wahrscheinlich hatte das oftmals erwähnte Pferd bis vor kurzem noch selbst dieselben Gedanken, ehe es sein Ende fand.

Und wenn Sie nun sagen, dass Ihnen schlichtweg die Ansätze für das Umsetzen von Veränderungen fehlen und Sie einfach keinen Ausweg sehen, dann werde ich Ihnen mit der Aufstellungsarbeit im weiteren Verlauf des Buches hoffentlich neue Sichtweisen ermöglichen. Am Ende sollen Sie schließlich mit Ihren selbst erarbeiteten Lösungsansätzen dastehen und nicht mit etlichen Fragezeichen über dem Kopf neben einem toten Pferd stehen. Denn die Erkenntnis, dass Ihr Pferd tot ist, bringt Ihnen zwar neues Wissen, aber unter Umständen im ersten Schritt noch keine Abhilfe. Wenn es Ihnen aber gelingt, sich aus der Froschperspektive in die Vogelperspektive zu erheben, können Sie auch sehen, was es in der Umgebung noch gibt außer einem toten Pferd!

Angst ist ein schlechter Ratgeber

Die Überschrift sagt eigentlich schon alles: jedes Gefühl darf in Bezug auf irgendwelche Themen aufkommen, aber es gibt einen Ratgeber, den ich niemandem empfehlen würde: Angst! Dieses Gefühl hemmt unsere sinnvolle und logische Denkweise, weil es einfach nur blockierend auf unsere Gedanken wirkt, leichtgläubig macht oder tatsächlich zur Flucht führt. Alle diese Reaktionen werden einen aber nicht vorwärtsbringen, sondern lediglich schlechte Folgen verursachen. Demzufolge sollte man sich auch von den schon erwähnten „Schwarzen Männern" fernhalten, die mit Ihrer Art genau dieses Angstgefühl ständig wiederholen und immer weiter wachsen lassen. Wenn Ihnen daher jemand ständig die schlimmen Konsequenzen einer möglicherweise falschen Handlung nahelegen will und ununterbrochen die schlimmsten Optionen vorbetet, ziehen Sie sich zurück! Wenn jemand Ihre Angst schürt, dann ist er ein ebenso schlechter Ratgeber wie das Gefühl selbst. Natürlich sollten auch mögliche Konsequenzen einer Handlung umfassend beleuchtet werden, aber nicht vom stetigen Aspekt der Angst aus gesehen. Leider neigt der Mensch aber von Natur aus eher zu diesem Gefühl, denn häufig ist das erste was in einem keimt die Angst. Die Politik und Massenmedien gehen hier schon lange als abschreckendes Beispiel voran! Es ist durchaus ein längerer und anstrengender Weg, diesem Starre auslösenden Gefühl die Grundlage zu entziehen und ihm langsam seinen Einfluss auf einen selbst zu nehmen. Das geht hauptsächlich über stetiges Wiederholen von entsprechenden Situationen, um Angst abzubauen und Vertrauen in sich, die eigenen Handlungen und das Leben aufzubauen. In meiner Praxis habe ich oft Menschen erlebt, die aus stetigen Zweifeln bestehen, ganz egal um was es geht. Wenn man hier Vorschläge unterbreitet, werden diese oft gar nicht richtig beleuchtet, sondern nur aus der Angst-Ecke betrachtet. Demzufolge kommen dann permanent lediglich die Gegenargumente auf den Tisch, weshalb die gemachten Vorschläge nicht umsetzbar seien und vor allem, was alles Schlimmes passieren könnte. In diesem Fall sind einem als Therapeut irgendwann auch die Hände gebunden, wenn jemand keinerlei Lösungsansätze zulassen will. Vergleichbar könnte man auch sagen, dass hier das Kaninchen vor der Schlange sitzt, doch statt auf die Hinweise der Artgenossen zu hören und eine Reaktion zu zeigen, wartet man in Schockstarre, bis der Tod zuschlägt. Im übertragenen Sinne sind wir dann auch wieder bei den Beispielen mit dem Weiterreiten auf einem toten Pferd oder dem im Kreis fahrenden Zug. Und wenn Sie nun aufmerksam aufgepasst haben, dürfte Ihnen spätestens jetzt klar werden, dass unser größtes Problem die Handlungsstarre ist. Das bedeutet im Umkehrschluss aber auch, dass mögliche Lösungen für unsere Probleme erst durch das Beginnen von Handlungen folgen können. Der bekannte Titel des Kultfilms „Angst essen Seele auf", darf daher häufiger in unser Bewusstsein kommen!

Die Suche nach dem Hufeisen

Sind wir nicht alle auf der Suche nach dem großen Glück? Ich denke, ein Großteil würde tief im Innersten diese Frage mit einem „Ja" beantworten, auch wenn es viele nur schwer zugeben können und sich ungern selbst eingestehen würden. Nun stellt sich aber die Frage, wie wir zu dieser gänzlichen Zufriedenheit kommen können. Die Antwort ist so einfach wie schwer zugleich: wahres Glück finden wir nur in uns selbst! Und genau das ist ein großes Problem in unserer heutigen Gesellschaft: viele suchen das besagte glücksbringende Hufeisen im Außen, angeheizt von den Medien, die einem täglich suggerieren, was wir alles benötigen um Glücklich sein zu können: das neueste Mobiltelefon, ein blitzblankes Auto, teure Markenkleidung, schnelles Internet, die große Liebe an unserer Seite – die Liste ließe sich sicherlich deutlich ausbauen und vielleicht fallen Ihnen auch gleich ein paar Dinge ein, die man heutzutage unbedingt noch braucht. Zumindest wird einem das von unserer Gesellschaft vorgelebt und tagtäglich über die Massenmedien eingehämmert. Leider funktioniert diese Propaganda-Methode besser als je zuvor: demnach ist die Rate der chronisch Unglücklichen, Unzufriedenen und auch Depressiven deshalb höher denn je. Vorbei sind die Zeiten, in denen man einfach den Tag erlebte, alles in sich aufnahm und müde (aber glücklich) um der eigenen Existenz Willen zu Bett ging, das Hufeisen im Schlafe fest umschlungen. Natürlich darf man sich auch mal etwas gönnen, aber viele jagen dauerhaft einem Hirngespinst in Form eines Hufeisens nach. Wenn das Gefühl des Glückes schnell verfliegt, braucht man sofort wieder etwas anderes, um neue Glückshormone zu fühlen. Daher darf man sich gerne darin üben, einfach zufrieden zu sein und auch nicht so viel von der Umwelt zu erwarten. Kein Gegenstand, der kurzzeitig unsere Endorphine ausschüttet, wird uns auf Dauer zu einem zufriedeneren Menschen machen. Früher nagelte man als Glückssymbol ein altes Hufeisen an die Eingangstür zur Stube und war damit zufrieden. Heute wollen wir es uns auf die Stirn tackern – und zwar jede Woche ein neues, weil das alte nicht mehr schön genug ist. Daher finden wir das wirkliche Glück nicht im Sinne von Metall - das Glück können wir nur in uns selbst finden, wenn wir uns einfach wieder etwas zurücknehmen und entschleunigen. Ein gewisser Abstand zu den Massenmedien schadet hier nicht, weil es sich hierbei um ein Transportmedium für die genannten „falschen Versprechungen" handelt. Hinter jeder Ecke lauert angeblich das große Glück und wenn ich irgendeinen speziellen Gegenstand noch zusätzlich hätte, geht es mir besser und ich bin ein glücklicher Mensch. Aber schon nach kurzer Zeit verfliegt diese Fata Morgana und wir stehen wieder mit leeren Taschen da, denn diese füllen sich nur dann, wenn wir von innen heraus wahres Glück empfinden. Diese beschriebenen leeren Taschen führen dann auch in unserer Wegwerfgesellschaft dazu, dass man Beziehungen völlig überlädt: sehr viele gehen von Partner zu Partner, suchen immer die eigene Vollkommenheit bei einem anderen und sind dann nach kurzer Zeit frustriert, weil sie nach den ersten Schmetterlingen im Bauch feststellen, dass sich keine Blumenwiese breitgemacht hat, sondern ein leerer Acker zurückbleibt – so ein Hufeisen rostet eben auch schnell... Statt nun mal in sich zu gehen und zu überlegen, ob man die Beziehung vielleicht mit zu hohen Ansprüchen an den Partner völlig überladen hat. Glücklicherweise ist es nicht die Aufgabe von irgendjemandem, dass er uns glücklich macht, denn das muss jeder für sich selbst tun und dann auch in sich empfinden. Verstehen Sie mich nicht falsch, denn damit ist nicht gemeint, dass Ihnen Ihr Partner alles antun kann, was er möchte und Sie wie ein billiges Anhängsel betrachtet! Diese Wertschätzung muss sowieso vorhanden sein, sonst ist keine Basis für eine Beziehung vorhanden: wenn vom Gegenüber schon der grundsätzliche Respekt fehlt, finden hier auch keine Schmetterlinge Platz! Doch wie heißt es so schön: an Beziehungen muss man immer arbeiten. Das ist tatsächlich auch so, denn wie ein Mühlenrad muss sich auch in einer zweisamen Beziehung stetig etwas drehen und bewegen – sonst stellt sich alsbald Unzufriedenheit ein. Doch ist dies ein Unterschied zu einem überladenen Erwartungsbild, denn das kann man nur selbst zurückschrauben und realistische Erwartungen an eine Beziehung stellen. Überhaupt kann man nicht erwarten, dass ein anderer Mensch oder ein Gegenstand jemanden glücklich macht. Diesen falschen Ansatz sollte man sich möglichst gleich aus dem Gedächtnis streichen! Wenn unsere Erwartungshaltung an das außen auf ein normales Maß sinkt, dann werden wir zeitgleich überrascht spüren, wie unsere innere Zufriedenheit steigt. Und damit sind wir bei der Kernaussage: Glück findet man nur in sich selbst! Das klingt zunächst etwas seltsam, ist aber tatsächlich so, wenn man sich einfach mit einigen Dingen aus dem Außen abfindet. Stellen Sie sich lediglich vor, wie viel leichter Sie sich fühlen würden, wenn Sie die ganzen Hufeisen aus Ihren Taschen leeren würden, die zuvor mit aller Inbrunst und Gier gesammelt wurden. Dann zentralisieren Sie ihr Denken und Handeln auf sich selbst. Man kann es als gesunden Egoismus bezeichnen, denn nur wenn ich meiner Seele Gutes tue und ausreichend für mich selbst sorge, kann ich auch etwas an meine Umwelt zurückgeben. Wie soll man jemandem Liebe schenken, wenn man sich nicht einmal selbst liebt? Die Antwort dürfte klar sein: das geht nicht! Und deswegen eine kleine Aufgabe für Sie, wenn Sie es nicht schon tun: lernen Sie sich selbst zu lieben, indem Sie Ihrer Seele öfter das geben, was ihr guttut – doch bitte beziehen Sie das nun nicht wieder auf irgendwelche simplen materiellen Dinge! Wie schon hinlänglich erwähnt, ist das Hufeisen nur ein Symbol und würde Ihnen auch nur sehr kurz ein wenig Zufriedenheit vorgaukeln – die Unzufriedenheit folgt zeitnah auf dem Fuße. Um einfach mal den Fokus auf die positiven Dinge zu legen, empfehle ich eine tägliche Liste vor dem Schlafengehen zu führen, auf der Sie jeden Abend drei Dinge des vergangenen Tages aufschreiben, die Sie als positiv empfunden haben oder über die Sie sich gefreut haben. Das können auch schon Kleinigkeiten wie das Lächeln der Verkäuferin im Supermarkt, ein freundliches Grüßen des Nachbarn oder gar das schmerzfreie Aufstehen am Morgen sein. Es ist schließlich nicht jeder Tag gleich und demzufolge sind auch nicht immer die ganz großen positiven Erlebnisse zu verzeichnen, aber halten Sie sich immer vor Augen, dass es jeden Tag etwas Gutes in Ihrem Leben gibt – auch wenn es noch so klein sein mag.

Überfliegen Sie ab und an mal die Ereignisse der vergangenen Zeit und Sie werden feststellen, dass es durchaus mehr Positives gibt als Sie umhin meinen. Wenn Sie das mindestens vier Wochen gemacht haben und sich Ihre Einstellung zum Positiven verändert hat, können Sie die Liste täglich fortführen oder die Arbeit einstellen. Dadurch, dass Sie mehr Positives um sich herum wahrnehmen, werden Sie auch automatisch eine zufriedenere Ausstrahlung bekommen – ob Sie wollen oder nicht, denn das passiert ganz unbewusst und von selbst durch die stetige Routine. Unser Unterbewusstsein lässt sich mit diesem einfachen Trick nämlich wunderbar umprogrammieren und wird nicht auf die Idee kommen, die positiv aufgeschriebenen Notizen zu hinterfragen. Das Schöne daran ist, dass andere

Menschen diese Zufriedenheit sehen und wahrnehmen können – vielleicht spricht Sie auch jemand darauf an. Und wenn Sie ein Freund von großer Symbolik sind, können Sie Ihre ganz persönliche kleine Hufeisensammlung auch gern über dem Eingang festnageln – je nach Belieben!

Ein Pferd namens Sex

Schauen wir nun einmal genauer in unseren Pferdestall. Und da werden wir sprichwörtlich etwas sehen, was umgangssprachlich als das „beste Pferd im Stall" bezeichnet wird: gehen wir davon aus, dass sich in unserem Stall ein ganzer Haufen Pferde tummelt, welche für unsere relevanten Lebensthemen stehen. Damit wir wirklich innerlich glücklich werden – vor allem innerhalb einer Beziehung – muss ein grundlegender Faktor passen: unsere Sexualität! Auch wenn es abgedroschen klingt, ist es doch immer noch so, weil der Mensch schlicht und ergreifend so gepolt ist und es immer um den Erhalt unserer Existenz geht. Eine stimmige Sexualität bestimmt, ob eine Beziehung mit einem anderen Menschen auf Dauer glücklich verlaufen wird oder sie sich möglicherweise unter den vielen Trennungen der heutigen Zeit einreiht. Abgesehen davon, dass es sich heutzutage sehr viele deutlich zu einfach machen und bei jedem kleinen Problem die weiße Flagge hissen. Davonlaufen ist eben bequemer und schmerzfreier, als sich fest auf den Boden zu stellen und um etwas zu kämpfen. Natürlich gibt es einerseits die „Davonlaufer", andererseits aber auch unglaublich viele, die kämpfen wollen, obwohl ihr Beziehungs-Pferd schon lange verstorben ist. Damit wären wir wieder beim Thema, denn ich habe in meiner Praxiszeit sehr viele Menschen erlebt, die sich seit Jahren an einem toten Pferd festkrallten und daran auch noch weiter festhalten wollten. Bevor das Davonlaufen einsetzt, sollte zunächst die Reanimation versucht werden – unter Umständen auch mit professioneller Hilfe! Zeigt sich hier aber keine nachhaltige Veränderung und Entwicklung, muss man irgendwann auch akzeptieren, dass dem Pferd keine sonderlich lebendige Zukunft mehr bevorsteht. Auch wenn man manchen Menschen dann auf die Schulter klopfte und sagte, dass ihr Pferd bereits verstorben sei, blieben sie krampfhaft bei dem Tier kniend zurück und beteuerten steif und fest, dass es bestimmt wieder erweckt werden könnte. Ein wenig Reizstrom, dazu ein bisschen Schminke, möglicherweise ein Parfüm und dann sieht das Tierchen wieder wie neu aus! Leider trügt dieser Schein und die Betroffenen wissen das meist auch, was sie aber nicht davon abhält, sich an der Hoffnung einer Wiederauferstehung festzuhalten. Viele werden jetzt sagen, dass man unmöglich das Stehen und Fallen des Glückes in einer Beziehung an der Sexualität festmachen kann. Leider muss ich Ihnen sagen: doch, das kann man! Die sexuelle Passgenauigkeit ist die Grundvoraussetzung, um nicht auf Dauer unzufriedene Nörgler in einer Beziehung zu haben oder einen notorischen Fremdgänger zu züchten. Häufig höre ich in meiner Praxis die Version, dass es einfach nicht mehr passen würde und die unterschiedlichen Ansichten ständig zu Reibereien geführt hätten, die auf Dauer die Liebe zerstört und dazu führten, sich auseinanderzuleben. Und jetzt betrachten Sie das Ganze mal ganz nüchtern aus der Vogelperspektive: so etwas entsteht auf lange Sicht dann, wenn die zwei Menschen unterschiedliche sexuelle Erwartungen haben. Hierbei gibt es kein „Richtig" für die Sexualität – es sind alle Nuancen erlaubt und richtig, wenn sie denn nur bei beiden einigermaßen deckungsgleich sind. Wenn eine Person sexuell aktiv ist und täglich einen sexuellen Akt erwartet, während der andere Part eher der „Quartalspopper" ist, wird das auf lange Sicht zu Differenzen führen: hierbei ist es unerheblich, ob man sonst bei einem Großteil der Interessen und Sichtweisen zueinander passt – diese hohe Prozentrate wird im Laufe der Zeit immer geringer und es stören einen immer mehr Kleinigkeiten, weil die Sexualität einfach nicht zueinander passt. In einem anderen Beispiel ist der Verlauf derselbe: wenn einer auf den sogenannten Blümchensex steht und der andere Lack und Leder mit Peitschenhieben bevorzugt. Auch hier ist es kaum einem Menschen möglich, langfristig glücklich zu sein, wenn er sich sexuell aus seiner Komfortzone bewegen muss und etwas mitmacht, was nicht seiner Fasson entspricht. Auch eine rein platonische Beziehung kann funktionieren, wenn beide Teile dieselbe Einstellung zur Sexualität haben – nämlich gar keine. Dann kann die Beziehung ebenfalls funktionieren, wie bei einem Pärchen, das mit Mühe und Not einen Tag ohne Sexualität hinbekommt. Wichtig ist, wie gesagt, einzig und allein die Passgenauigkeit zueinander. Diese stellt nämlich die Grundlage, sozusagen das Blumenbeet, dar – was darauf angebaut und gegossen wird, ist dann alles Übrige wie beispielsweise Hobbies, Familienvorstellung und alles weitere, was hierbei eine Relevanz bekommen kann. Der Vollständigkeit halber möchte ich Sie an dieser Stelle zu Aktivität ermuntern, denn auch hier forscht die Wissenschaft und hat bereits beeindruckende Erfahrungen gesammelt: beispielsweise erhöht mehrmals wöchentlich praktizierter Geschlechtsverkehr unsere Glückshormone, kann damit die Belastungsfähigkeit und Stresstoleranz erhöhen und uns also rundum gesünder machen. Neue Studien weisen sogar klar auf niedrigere Depressionsraten von etwa 30 % hin, weil die relevanten Hormone in ausreichender Form ausgeschüttet werden und zeigen bei aktiveren Zeitgenossen durchschnittlich eine längere Lebenserwartung von etwa zehn Jahren! Alles sehr gute Argumente für eine gesteigerte Aktivität im genannten Bereich!

Um zum eigentlichen Thema zurückzukommen, hat die sexuelle Passgenauigkeit auf unzählige Aspekte Relevanz: Häufigkeit, Vorlieben und alle Randnotizen, auf die es dazu ankommt. Nur, wenn man hier eine relativ große Schnittmenge trifft, bei der sich beide Überlappen, wird es auf Dauer eine Beziehung geben, die Bestand haben kann. Passt hier nichts zusammen, sind unsinnige Streitigkeiten vorprogrammiert und oftmals wissen die Betroffenen gar nicht, warum sie eigentlich miteinander streiten und was sie am anderen überhaupt stört. Die stetig bohrende sexuelle Unzufriedenheit im Hintergrund ist das Thema, was einen untergräbt und oft merken wir es gar nicht. Demzufolge vergessen Sie nicht ihr wichtigstes Pferd im Stall: wenn sie das Pferd namens Sex immer schön hegen und pflegen, kann es zu ihrem absoluten Vorzeigetier werden! Glückliche Ehen beruhen in der heutigen Zeit größtenteils auf einer stimmigen Sexualität, denn wenn es zueinander passt wie Arsch auf Eimer, dann entstehen viele andere Streitigkeiten einfach nicht mehr. Und wenn es auch in Ihrer Beziehung ständig kracht, hinterfragen Sie mal ihre Grundlage: die Sexualität. Ist es wirklich stimmig zum Partner oder sind sie schon an dem Punkt, dass der andere Teil einfach immer zustimmt und nichts mehr anspricht, weil er schon resigniert und innerlich die Kapitulation eingereicht hat. Sie glauben nicht, wie viele Menschen ich bereits erlebt habe, die einen Nebenkriegsschauplatz zum Hauptthema machen wollten. Die Diskussionen bezogen sich anfangs auf eine völlig andere Thematik und sind dann schnurstracks auf die Sexualität gewechselt, wobei dann entsprechend vernichtende Aussagen fielen, die eigentlich alles erklärten: „das spreche ich gar nicht mehr an", „das hat doch eh keinen Sinn", „er versteht es überhaupt nicht", „es ist ihm sowieso egal", „ihm geht es immer nur um Sex" und so weiter und so weiter – immer vom Grundtenor die gleiche

Leier! Ich habe, der Einfachheit halber mich des Klischees bedient, dass hier vorsätzlich der Mann angekanzelt wird und möchte mich an dieser Stelle entschuldigen. Es ist zwar häufig die genannte Konstellation, dass die Frau in meiner Praxis sitzt, aber solche Szenarien gibt es auch durchaus umgekehrt. Letztendlich ist der Kern der Aussage derselbe: die Sexualität muss zueinander passen. Wenn das nicht der Fall ist, ist alles nichts und nichts wird plötzlich zu allem!

Deswegen möchte ich Sie wiederholt ermutigen, mal einen langen Blick auf ihr bestes Pferd im Stall zu werfen: lebt es noch und wie geht es ihm? Falls Sie feststellen, dass das Tier schon gewaltig lahmt, sollten Sie allen Mut zusammen nehmen und die Situation mal neutral beleuchten: was will der andere und was wollen Sie? Die Scham unterbindet hier oftmals die Ehrlichkeit zu einem selber, aber Sie helfen niemandem weiter, wenn Sie einen Schleier unnötiger Moralvorstellungen über das Thema stülpen. Selten ist offene Ehrlichkeit so angebracht wie hier – und das betrifft natürlich beide Hälften einer Partnerschaft. Moralkodex und Vorstellungen müssen zueinander passen und stellen dann eine sehr gute Grundlage für Glück und Zufriedenheit dar – auch nach vielen Jahrzehnten in einer Beziehung. Deswegen sollten Sie auch nie müde werden, sich wegen der Sexualität mit dem Partner auszutauschen, ehrlich und vorwurfsfrei nachzufragen, ob es für den anderen wirklich noch passt. Manchmal ändern sich auch die Moralvorstellungen, neue Wünsche kommen auf oder die Sexualität ist einfach ein wenig eingeschlafen. Das sind alles keine wirklichen Probleme, wenn man sie nur offen und ehrlich anspricht und darüber reden kann, ohne dass gleich die Fetzen fliegen. Wenn etwas ausgesprochen wird, können Sie sich immerhin im Nachhinein nicht vorwerfen, nichts getan zu haben. Wenn das Pferd erstmal auf dem Tisch liegt, muss man sich damit auch befassen und kann es nicht einfach dort liegen lassen. Wichtig ist nur, dass sie die Emotionen bei einer solchen Diskussion zügeln, denn sonst gehen einem bei diesem hitzigen Thema schon mal die Pferde durch – und das führt eher zum Rückzug des Gegenübers, als zu konstruktiven Ergebnissen. Wenn dann die Probleme, beziehungsweise Unterschiede in der Sexualität auf den Tisch kommen, kann sich jeder im Anschluss an das Gespräch überlegen, was er bereit ist zu ändern und inwiefern man seinem Partner entgegenkommt. Das größte Problem hierbei ist der innere Schweinehund, denn dieser ist – wie bei allem – kurze Zeit leicht zu überwinden, aber meist schleicht er sich recht schnell wieder ein und hiernach ist alles wieder beim Alten. Das führt dann früher oder später beim Partner wieder zum gleichen Problem wie zuvor – und damit befindet man sich wieder am Ausgangspunkt der ursprünglichen Diskussion. Deswegen sind solche sexuellen Differenzen immer ein heikles Kapitel, weil eine dauerhafte Veränderung meist mit etwas Arbeit an einem selber verbunden ist. Letztendlich kann die Problematik aber nicht an einem hängen bleiben, sondern es müssen beide bereit sein, einen Kompromiss einzugehen und sich irgendwo in der Mitte zu treffen. Wenn der Unterschied zu groß ist und der eine mit einem Pony daherkommt, während der andere mit einem Araberhengst aufwartet, muss man sich vielleicht grundlegend überlegen, ob das gemeinsame Galoppieren in Richtung des Sonnenaufganges wirklich von Erfolg gekrönt sein kann. Auch wenn es zunächst vielleicht absurd klingt, gibt es tatsächlich Fälle, die nie auf lange Sicht miteinander glücklich werden können, weil die Unterschiede so groß sein können, dass überhaupt kein gemeinsamer Nenner zu finden ist. In der Regel spüren die betroffenen Personen das auch und meist kommt dann das eingangs erwähnte Verhalten zum Tragen, bei dem jemand sich an das tote Pferd klammert, statt einzusehen, dass hier

Hopfen und Malz verloren ist. Unser Leben und die Zeit darin sind viel zu kurz und zu kostbar, als dass man sich Jahre oder gar Jahrzehnte mit einer Person auseinandersetzt, deren Weg zu weit vom eigenen entfernt ist. Deswegen darf man sich schon mal fragen, ob man lieber zu zweit unglücklich sein möchte, statt alleine glücklich voranzuschreiten. Nun ist das kein Beziehungsratgeber, aber da es neben dem Stress auch um das Thema „Glück" geht, war dieser kleine Exkurs durchaus angebracht. Vergessen Sie also nicht ihr wichtigstes Pferd im Stall, falls Sie spüren, dass das auch bei Ihnen ein Thema sein könnte. Suchen Sie dann das Gespräch und probieren Sie eine beidseitige Annäherung auf das gemeinsame Zentrum. Ob das dann ausreichend ist, muss sich in der praktischen Umsetzung bewähren, sollte aber nicht hier diskutiert werden, sondern in Ihrem Schlafzimmer stattfinden.

Neugierig wie ein junges Fohlen

Über alte Gäule haben wir nun sprichwörtlich genug gesprochen, aber lassen Sie uns noch kurz auf das Gegenteil eingehen: am Anfang steht zunächst die Geburt eines Pferdes, was ein durchaus begeisterndes Ereignis sein kann, aber nicht die Thematik des Buches darstellt. Worum es mir geht, ist der Charakter eines solchen Fohlens. Es will seine ersten Schritte auf dieser Welt machen und kämpft sich hierfür auf die Beine, ehe es langsam zu laufen lernt. Wie auch bei jedem menschlichen Kind, strahlen seine dunklen Augen die Neugierde auf alles aus, was gesehen, gerochen und gefühlt werden kann. Ein Fohlen möchte alles ausprobieren und strotzt hierbei nur so vor lauter kreativer Schaffensfreude und Energie. Und genau das möchte ich auch Ihnen näherbringen, denn mit diesem Buch haben Sie sich entschieden, etwas für sich selbst zu machen, umzusetzen und zu verändern! Die folgenden Kapitel bringen Ihnen entsprechende Werkzeuge dafür entgegen, aber die Aufgabe stemmen müssen Sie selbst! Damit Sie dies auch erfolgreich tun können, ist ein Faktor auf dem Weg zum Erfolg sehr förderlich: Neugierde auf das, was Sie erwartet! Genau diese Definition steckt ja bereits im Wort „Neugierde", denn sie beschreibt die Gier darauf, etwas Neues kennenzulernen. Und diese Eigenschaft hat jeder gesunde Nachwuchs der Tierwelt und natürlich auch der Menschen. Leider lassen sehr viele diese Expansionsfreude schon im Jugendalter fallen, oftmals aufgrund der Forderungen ihrer Eltern. Die Menschen legen dem Nachwuchs häufig eine Strenge und Ernsthaftigkeit nahe, weil sie der Meinung sind, dass diese Tugend für ein erfolgreiches und erwachsenes Leben notwendig ist. Leider sehe ich das völlig gegenteilig, wie es auch bereits Jesus sagte: „Werdet wie die Kinder!". Doch was bedeutet das überhaupt? Die Lösung ist sehr einfach und man sollte sich einfach an der Natur orientieren, indem man sie beobachtet. Man wird dabei schnell feststellen, dass jeglicher Nachwuchs durch das Funkeln in den Augen und die aufmerksame Beobachtungsgabe besticht – und diese Eigenschaft sollten wir uns bewahren, beziehungsweise wieder mehr aktivieren. Lebensfreude geht mit dieser Neugierde ebenfalls einher, denn nur wenn ich meine Energie aus Aktivitäten ziehe, die mir wirklich Freude bereiten, füllt sich hiermit mein persönlicher Energielevel auf. Das spiegelt sich in der Erwartung wieder, immer Neues kennenlernen zu wollen. Wenn jemand wissbegierig auf Neues ist, kann er sich leichter auf neue Situationen einlassen und hat grundsätzlich mehr Freude am Leben. Hierdurch erkennt man oftmals einen positiven Sinn, der dem verstockten und verbitterten Menschen verborgen bleibt. Ganz im Gegenteil: der Verstockte kann die Neugierde nicht einmal nachvollziehen, unabhängig davon, ob er hierbei Freude empfinden würde. Die genannte Wissbegierigkeit ist nur ein Beispiel, denn an vielen Stellen profitiert man persönlich, wenn man sich beispielsweise für Gesellschaftsspiele begeistern kann und auch das Spielen mit einem Kind zu Freude führt. Kann man sich auf die Fantasie des Kindes einlassen und mit ihm in seine Welt eintauchen, in der es beispielsweise an Zaubergeschöpfen wimmelt oder Szenarien des Wilden Westens oder des Mittelalters aufgebaut sind, bleibt man selbst geistig jung. Man sollte genauso jungfräulich an alle Themen herangehen, die einem begegnen, sodass man offen und ohne große Vorbehalte in etwas hineinwachsen kann. Diese Eigenschaft sollte trainiert werden, denn nur dann bleiben wir geistig – und letztendlich auch körperlich – jung und vital, wie wir es einst als Kinder waren. Bewahren Sie sich also diese Eigenschaft oder reaktivieren Sie sie wieder. Letzteres dürfte vielen nicht ganz so leicht fallen, aber lassen Sie es einfach mal zu. Jedes Gesellschaftsspiel eignet sich hervorragend, um Freude und Ehrgeiz zu wecken und ist daher eine mögliche Grundlage zum Wiederaufbau der genannten kindlichen Eigenschaften. Aber der wichtigste Tipp, den ich Ihnen geben kann, ist folgender: egal um was es geht, lehnen Sie es nicht von vornherein ab, sondern geben Sie ihm eine Chance, indem Sie es sich offen und vorurteilsfrei ansehen und sich ein neutrales Bild machen. Wenn Sie schon vorher sagen „das ist nichts für mich", dann bremsen Sie die genannte Expansionsfreude und damit auch Ihre eigenen Entwicklungsmöglichkeiten!

Und damit möchte ich Sie nun mit den Eigenschaften eines jungen Fohlens zum eigentlichen Kern dieses Buches führen und zeigen, auf welches Pferd ich setze: die Aufstellungsarbeit!

Kapitel 2: Aufstellungsarbeit

Aufstellungsarbeit

Das Prinzip der Aufstellungsarbeit ist inzwischen schon viele Jahrzehnte alt und wurde bereits von diversen schlauen Köpfen genutzt und in unzähligen verschiedenen Ansätzen angewendet, verfeinert und ausgeweitet. Auf diesem Weg sind zahlreiche verschiedene Arbeitsweisen aus der Grundmethode hervorgegangen, die sich vielen Menschen nicht erschließen, weil sie teils in den Bereich der Esoterik reichen und dazu geführt haben, dass über das Thema in Filmen und Berichten schlichtweg übertrieben wurde. Hierdurch wurde das Ganze manchmal zu fantastisch dargestellt, als dass man es ernstnehmen kann. Deswegen nochmals vorweg mein Rat an Sie: seien Sie einfach offen, gehen Sie ohne große Erwartungen und Vorurteile an die Sache und die dargestellten Aufgaben heran. Wenn wir in diesem Buch die Basis der Aufstellungsarbeit nutzen, hat dies überhaupt nichts mit Esoterik oder auf Glaubensfragen basierenden Dingen zu tun!

Den Ursprung des Familienstellens legte Bert Hellinger, ein Autor, Psycho- und Familientherapeut. Er entwickelte die grundsätzliche Methode unter dem Schirm der Systemischen Therapie und machte sie bekannt. Aus der Feder dieser nicht unumstrittenen Persönlichkeit entsprangen viele Unterarten der Vorgehensweise, welche aber alle auf dem grundsätzlichen Fundament der Aufstellungsarbeit fußten. Das Prinzip dahinter klingt etwas abgehoben: nach der Theorie soll jedes aufgestellte System ein eigenes Spannungsfeld besitzen, welches als morphogenetisches Feld bezeichnet wird. Hierbei werden gewisse Personen, Orte, Tätigkeiten, Emotionen oder etwas beliebiges Anderes mit einem Stellvertreter in einem Raum dargestellt. Als sogenannte Stellvertreter können kleine Figuren auf einem Holzbrett oder sogar echte Menschen im Raum verwendet werden. Meine ersten Aufstellungen habe ich mit Weinflaschen im Wohnzimmer durchgeführt – und: so amüsant sich das auch zunächst liest, konnte ich daraus viele schöne Erkenntnisse gewinnen. Denn wie heißt es so schön: „Die Wahrheit liegt im Weine". Was Sie letztendlich als Stellvertreterobjekt verwenden, bleibt Ihnen überlassen, aber ich finde die Arbeit mit diversen Glasflaschen sehr effektiv. Einerseits können wir einen größeren Raum nutzen und andererseits haben wir eine einigermaßen gute Stellvertretergröße, um den Überblick zu bewahren. Des Weiteren ergibt sich hierdurch auch besser die Möglichkeit, in die Situation hineinzugehen, als wenn man auf einem kleinen Holzbrett aufstellt. Das ermöglicht Ihnen die Einnahme von Frosch- und zeitgleich Vogelperspektive. Menschen sind für die Vogelperspektive nicht ganz so gut geeignet, auch wenn die tolle Bewegung und große Dynamik im Verlauf der Aufstellung kaum mit leblosen Objekten vergleichbar sein dürfte. Letztendlich ist die Arbeit mit Flaschen jedenfalls einfacher realisierbar als mit einem Dutzend Personen. Wenden wir uns nun also der Einnahme von Frosch- und Vogelperspektive zu.

Damit Sie diese wertvolle Arbeit gewinnbringend einsetzen können, habe ich die Vorgehensweise vereinfacht und in ein kleines Stufenkonzept transferiert, dass Ihnen schnell Klarheit und effektive Lösungsansätze liefern soll. Der Fantasie der Veränderung sind hierbei natürlich keine Grenzen gesetzt, aber die Basis meiner Darstellungen ist lediglich analytisches Denken und das Einnehmen einer anderen Perspektive durch genaue Analyse einer speziellen Situation.

Die zwei Perspektiven

Im Wesentlichen geht es bei all unseren Aufstellungen darum, dass Sie die dargestellte Situation nicht nur aus dem Blick eines Baumes im Wald sehen können, sondern sich auch nach oben erheben und sozusagen die Vogelperspektive einnehmen. Diese ist in sehr vielen Fällen schon die sprichwörtlich halbe Miete, denn wenn man den Wald vor lauter Bäumen nicht sieht, kann man auch nicht ausmachen, welche Veränderungen lösungsbringend sein könnten. Die Vogelperspektive ermöglicht eine allumfassende Sicht der Situation und der verschiedenen Aspekte und Umstände. Hierdurch ist schon bei vielen geführten Aufstellungen in meiner Praxis den Besuchern die Lösung ihres Problems wie Schuppen von den Augen gefallen. Befindet man sich in einer ausweglos erscheinenden Situation fehlt es uns oft an Klarheit, obwohl wir zu diesem Zeitpunkt genau diese brauchen würden. Die Gedanken kreisen oft wie wild um ständig die gleichen Ansätze, aber es will kein Schuh daraus werden. Wir sehen Personen, Emotionen, Orte, Tätigkeiten und fühlen uns erschlagen, ohne Aussicht auf Transparenz zur sachlichen Analyse. Die Vogelperspektive ermöglicht das Absteigen vom Pferd, also das neutrale Betrachten der Situation von einer höher gestellten Position. Und nun kommt vielen die erste und wichtigste Erkenntnis: das Pferd ist tot! So lapidar sich das nun anhören mag, aber oftmals ist das erste Problem genau dieses, dass der Reiter sich gar nicht bewusst ist, dass er so nicht weitermachen kann, ohne dass es noch Folgen haben wird! Wenn man in aller Klarheit sieht, dass hier jede Wiederbelebung aussichtslos ist, fällt es einem auch leichter loszulassen. Wenn man von einem Vorbereitenden darauf hingewiesen wird, klammert man sich möglicherweise noch an die Hoffnung, dass das Pferd vielleicht doch wieder in Trab kommt, wenn man nur ein wenig wartet. Eine klare Sicht von außen bringt einen oft dahin, dass man klar sagen muss: „Ich glaub, mit diesem Pferd wird das nichts mehr!".

In wenigen Fällen schafft aber genau die umgekehrte Vorgehensweise mehr Transparenz in einer Situation. Befindet man sich nämlich schon in der genannten Vogelperspektive, was beispielsweise als Geschäftsführer einer Firma oder Familienvater bei noch jungen Kindern durchaus mal der Fall sein könnte, sieht man von seinem erhabenen Blickwinkel manchmal die Spannungen der anderen Positionen nicht klar. Hier zeichnet es sich als zielführend aus, auch mal in die Tiefe zu gehen und sich auf dem Boden der Tatsachen mit der sogenannten Froschperspektive die direkte Umgebung genauer anzusehen. Hier fällt es einem leichter, die Verbindungen der einzelnen Positionen besser zu durchdringen und individuelle Problempunkte ausfindig zu machen, die eventuell das ganze System belasten. Man steht also förmlich mitten im Wald und kann die Bäume aus nächster Nähe betrachten. Wenn Sie sich nun unser bekanntes Pferd mal von nahem ansehen, daran riechen und es berühren, dürfte klar werden, warum jeder zuvor ausgeführte Hieb mit der Gerte keine Reaktion mehr gebracht hat.

Wie Sie diese beiden Sichtweisen anwenden, werde ich Ihnen im weiteren Verlauf noch ausführlicher näherbringen, denn das ist die Basis für den Erkenntnisgewinn und unsere daraus resultierenden Maßnahmen.

Vorbereitungen

Im ersten Schritt wählen Sie bitte einen Raum, in dem Sie freien Boden von mindestens vier Quadratmetern zur Verfügung haben. Frei deshalb, weil es sich als äußerst störend erweist, wenn Sie zwischen Stühlen, Tischen oder anderen Möbelstücken klettern müssen und dann noch den Überblick bewahren sollen. Es sollten also keine störenden Gegenstände in dem genannten Bereich vorhanden sein.

Dann nehmen Sie sich eine Kiste mit Ihren „Stellvertretern" an den Rand der Aufstellungsfläche. Beispielsweise ihr Altglas. Ich kann Ihnen nur empfehlen, dass Sie verschiedene Flaschen bereitstellen sollten, weil ein Kasten irgendeiner Wassersorte doch recht einheitlich und damit auch durchaus einschränkend und sogar verwirrend wirken kann. Falls Sie aber trotzdem mit identischen Flaschen starten möchten, nehmen Sie sich einfach DinA5-Blätter, die später unter den Flaschen zum Liegen kommen und dann entsprechend beschriftet werden. Ab sofort werde ich diese Flaschen als Stellvertreter bezeichnen. Wichtig ist noch eine „Blickrichtung" der entsprechenden Flasche, weil jeder Stellvertreter ja auch irgendwohin gerichtet ist. Hierfür sollten Sie das Vorderetikett festlegen.

Weil es bei Aufstellungen schnell mal unübersichtlich werden kann, sollten Sie auf jeden Fall einen Stapel Blätter und Stifte bereitlegen. Um eine Aufstellung zu dokumentieren, können Sie im oberen Bereich des Blattes fortlaufende Zahlen von 1 bis zur letzten benötigten Position aufschreiben, hinter die Sie die Rolle des Stellvertreters notieren. Sie selbst sind natürlich an erster Position, werden mit „ICH" nach der Zahl 1 notiert. Im unteren Bereich des Blattes können Sie nach der Positionierung aller Stellvertreter Kreise pro Position aufschreiben, in deren Inneren die zugehörige Zahl steht. Um die Blickrichtung zu notieren, sollte ein Pfeil aus dem Kreis in die entsprechende Richtung gezeichnet werden. Hier sehen Sie ein Beispiel zur Veranschaulichung:

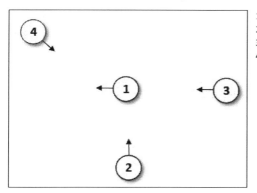

1) ICH
2) Arbeit
3) Familie
4) Hobbies

Zusätzlich benötigen Sie möglicherweise weitere Hilfsmittel, wie beispielsweise ein oder mehrere Seile oder Meterstäbe. Diese werden in Aufstellungen für Abtrennungen verwendet - was das genau ist und bedeutet, wird Ihnen im späteren Verlauf noch ausführlich erklärt werden.

Zu guter Letzt bietet es sich an, ein Kissen zur Verfügung zu haben, weil Sie einige Male auf dem Boden sitzen oder knien müssen und das auf Dauer sonst unbequem werden könnte.

Aufstellungsthemen identifizieren

Anhand der Beispielabbildung wird Ihnen nun vielleicht schon ein wenig klarer, was hier stellvertretend aufgestellt werden kann. Im Beispiel war das eine sehr oberflächlich gehaltene Strukturierung, die bei den meisten Aufstellungen deutlich zu grob sein dürfte. Grundsätzlich sind der Fantasie bei der Aufteilung einzelner Punkte keine Grenzen gesetzt und Sie können – und sollen auch – ganz nach Gefühl und Impuls handeln. Wichtig ist die völlige Offenheit zur Auseinandersetzung mit der Thematik und sehr viel Kreativität. Verlassen Sie sich ruhig auf Ihre Intuition: was Ihnen im ersten Moment dazu einfällt, sollten Sie verwenden. Je nach Aufstellungsthema werden wir unterschiedlich detailliert vorgehen. Und ein zweiter, ganz wesentlicher Faktor, ist ebenfalls existenziell wichtig bei dieser Arbeit: seien Sie selbstkritisch! Wenn Sie bei sich keine Fehler sehen (wollen), dann wird es auch schwierig, Veränderungsmöglichkeiten zu finden. Jeder macht Fehler, also seien Sie auch bereit hinzusehen und diese bei sich selbst anzunehmen. Nur mit dieser Basis von völliger Offenheit sich selbst gegenüber, können Sie auch die Irrwege identifizieren. Nennen Sie sie wie Sie wollen: Nadeln im Heuhaufen oder Pferdeäpfel – letztendlich geht es nur darum, die Bereitschaft zum Hinschauen zu haben.

Um einen ersten Zugang zu der Aufstellungsarbeit zu schaffen, nehmen wir für das erste Beispiel am besten unsere Liste mit den Pferdeäpfeln zur Hand. Hier haben wir eine Rangliste in Spalte 6 geführt, die nun relevant wird. Die darauf dargestellte Rangliste ist demnach die Basis für alle weiteren Aufstellungen dieses Buches! Grundsätzlich können Sie natürlich jede Lebenssituation aufstellen, aber auch konkret auf ein einzelnes Problem eingehen. Es bietet sich an, einer Aufstellung einen kurzen und prägnanten Namen in Form einer Überschrift zu geben. Wenn Ihnen nichts Konkretes einfallen will, bieten sich auch Bezeichnungen wie beispielsweise „Meine Lebenssituation", „Berufswunsch" oder „Lebensziele" an. Auf dieser Basis kann in der Folge die Aufstellung vorgenommen werden.

1. Aufstellung: meine Stressoren

Wie bereits erwähnt, reiten wir nun der Sonne entgegen. Hierfür nehmen Sie bitte Ihre Pferdeäpfelliste zur Hand. Es geht nun darum, die einzelnen Punkte aufzustellen und hiermit unsere lineare Listenabsicht in eine 3D-Darstellung zu übertragen. Starten Sie also damit, indem Sie sich intuitiv eine der bereitgestellten Flaschen greifen, die Ihnen im ersten Moment zusagt. Wichtig ist tatsächlich die Intuition dabei – es geht nicht darum, die am besten passende zu finden, sondern Ihrem Gefühl freien Lauf zu lassen und die zuerst ansprechende als Stellvertreter für sich zu nehmen. Positionieren Sie diese an einer beliebigen Stelle im Raum. Auch hier können Sie nichts falsch machen und sollten einfach intuitiv vorgehen. Überhaupt ist es wichtig, dass Ihnen bewusst ist, bei der Aufstellungsarbeit keine Fehler machen zu können: alles was Sie aufstellen, hat seinen Sinn und ist richtig! Es gibt kein Falsch, weil es sich um eine Darstellung Ihres Themas handelt – wer sollte also besser einschätzen können, was darin richtig und falsch ist als Sie selbst? Außerdem darf ein Faktor nicht vergessen werden: unser Unterbewusstsein schaltet sich hierbei ein und will bei der Arbeit ein Wörtchen mitreden! Je nachdem, was Sie für eine Flasche wählen, hat diese Wahl Ihr Unterbewusstsein auf Basis irgendwelcher Faktoren getroffen, die Ihnen meist zunächst verborgen bleiben und nicht interpretierbar sind.

Nehmen Sie bitte ein Blatt Papier und notieren Sie für die Stelle mit Ihrer Flasche einen Kreis, in den Sie „1" schreiben und einen Pfeil vom Kreis hinaus in die jeweilige Blickrichtung Ihres „Stellvertreters" zeichnen. Das Vorderetikett der Flasche stellt die Blickrichtung dar. Falls Sie nun feststellen, dass Sie das nicht berücksichtigt haben und die Flasche drehen möchten, gebe ich Ihnen einen Tipp: lassen Sie die Flasche genau so stehen, wie Sie sie zunächst positioniert haben. Unterbewusst haben Sie den Stellvertreter völlig richtig aufgestellt. Noch ein Hinweis zum Blatt: dieses stellt stellvertretend den gesamten Raum dar und es sollte so gehalten werden, dass Sie von Ihrem außenstehenden „Moderationspunkt", befindlich bei der Flaschenkiste, das Blatt halten. Nun beginnen Sie mit der Pferdeäpfelliste: stellen Sie in der Reihenfolge des Rankings die Positionen 1 bis 5 auf. Pro Position wird logischerweise wieder eine Flasche genommen und irgendwo im Raum aufgestellt, wo Sie sie im ersten Moment als richtig empfinden. Ich wiederhole mich gerne, wenn ich nochmal darauf hinweise, dass Sie auf Ihre Intuition vertrauen sollen und eigentlich nichts interpretieren dürfen! Pro Flasche zeichnen Sie auf dem Blatt die jeweilige Position als Kreis ein, notieren die Zahl darin und fügen den Pfeil der Blickrichtung an. Zuletzt machen Sie am Rand Ihres Blattes eine Spalte für die Legende, in der Sie die Zahl und in der Folge die Bezeichnung aus der Pferdeäpfelliste übertragen.

Hiernach sollten Sie also neben sich selbst die fünf größten Pferdeäpfel im Raum aufgestellt haben. Und jetzt beginnt die eigentliche Arbeit mit diesem kleinen Kunstwerk!

Interpretation einer Aufstellung

Nachdem die Hauptflaschen entsprechend aufgestellt wurden und Sie dies auf Ihrem Notizzettel vermerkt haben, können Sie sich das Stillleben einmal in Ruhe ansehen. Lassen Sie das Bild erstmal eine Minute auf sich wirken und betrachten Sie hierzu die einzelnen Flaschen. Aktuell befinden Sie sich in der Vogelperspektive, was bedeutet, dass Sie die Gesamtsituation aus einer übergeordneten Position sehen können. Fällt Ihnen dabei schon etwas auf?

Im ersten Schritt können Sie ganz sachlich Ihre Beobachtungen auf einem separaten Blatt erfassen:

- wie empfinden Sie die Flaschengrößen auch gegenüber den jeweils anderen Flaschen? Sprich: gibt es größere oder kleinere?
- Flaschenform, Etikettenfarben und Inhalt der jeweiligen Flaschen? Gibt es Abstoßendes oder Interessantes, das Ihren Blick anzieht?
- Betrachten Sie den Abstand und die Blickrichtung der einzelnen Flaschen zueinander: wer steht dem anderem gefühlt zu nah oder zu fern?
- Ist jede einzelne Position richtig oder wirkt ein Stellvertreter am falschen Platz?

Ihre Beobachtungen können Sie mit den jeweiligen Flaschennamen (1 bis 6) erfassen und die dazu auffallenden Dinge in der Folge niederschreiben. Für viele bringt schon bereits diese grundlegende Analyse erste wichtige Erkenntnisse, wenn beispielsweise festgestellt wird, dass sich eine Flasche völlig außerhalb befindet oder eine andere uns viel zu nah ist. Je nachdem, kann es in ersterem Fall dazu führen, dass uns bewusst wird, dass das jeweilige Thema mehr in unseren Fokus rücken sollte und damit auch mehr in das System integriert werden muss. Andererseits kann bei einer Flasche, die Ihnen sprichwörtlich „auf der Pelle sitzt" oftmals ein wenig Abstand helfen. Diese Erkenntnisse sind dann die Handlungen, welche auf das reale Leben übertragen werden sollten! Sozusagen unsere ersten Maßnahmen anhand der Feststellungen.

Nehmen Sie sich bitte jede notwendige Zeit und lassen Sie keine Hektik aufkommen, denn wenn Sie sich selbst hetzen, bleiben vielleicht wichtige Erkenntnisse unentdeckt und verborgen. Deshalb sollten Sie wirklich ganz still und beobachtend die Situation wahrnehmen und auch mal einige Zeit verstreichen lassen. Sollten Ihnen auch bei längerer Betrachtung keine weiteren Aspekte auffallen, gibt es möglicherweise schlichtweg keine weiteren Punkte. Wenn Sie daher der Meinung sind, dass auch bei längerer ruhiger Betrachtung keine weiteren Informationen aufkommen, beginnen wir damit, dass Sie in das System hineingehen. Das bedeutet, dass wir uns in die Froschperspektive begeben und aus den einzelnen Positionen heraus die Gesamtsituation betrachten.

Die ICH-Position

Die mit Abstand wichtigste Stellvertreterrolle ist natürlich die ICH-Position, weil Sie Ihren Standpunkt im System darstellt. Gehen Sie also nun zu Ihrem Stellvertreter und setzen oder knien sich hinter diesen, sodass Sie die gleiche Blickrichtung haben, wie der Stellvertreter. Hiernach warten Sie – keine halbe Stunde, aber zumindest ein bis zwei Minuten, bis Sie richtig drin sind im System und in Ihrer Rolle. Dann wird auch das Unterbewusstsein aktiv und Ihnen seine Interpretation der Situation mitteilen. Am Besten berühren Sie beim Warten auch die Stellvertreter-Flasche, halten Sie sie einfach fest. Das Mitteilen der unbewussten Emotionen erfolgt natürlich nicht durch eine Stimme, die Ihnen klar und deutlich ins Ohr flüstert, was los ist, aber sie teilt sich Ihnen durch unterschwellige Empfindungen mit. Diese wahrzunehmen, ist die große Herausforderung an der Aufgabe und muss auch erst gelernt werden. Werfen Sie nun bitte nicht vorschnell die Flinte ins Korn, denn die meisten sitzen kurz da und zucken dann mit den Achseln, gefolgt von den Worten „Ich merk da nichts...".

Deshalb erneut der Hinweis: geben Sie sich Zeit! Beim einen dauert es eben etwas länger – vor allem beim sozusagen „ersten Kontakt", bis man diese Empfindungen wahrnimmt. Sie äußern sich auch selten ganz deutlich, sondern meist durch sehr unterschwellige Emotionen, die leicht durch unsere bewusste Wahrnehmung überdeckt werden kann. Hier liegt ein großer Stolperstein bei dieser Aufstellungsarbeit, denn viele neigen dazu, Ihre persönlichen Interessen zu fühlen und diese vorschnell als unterbewusst zu interpretieren. Die Krux an der Sache ist aber, die unterschwelligen Empfindungen wahrzunehmen und nicht Ihre vordergründigen Interessen! Deshalb sitzen Sie ein wenig an Ihrer Position und warten, bis sich etwas tut. Achten Sie darauf, ob Sie sich wohl fühlen an diesem Ort und wie sich ihr Körper anfühlt.

- Fühlt sich ihre Position im System gut an oder fühlen Sie sich fehl am Platz?

Wenn Sie sich völlig deplatziert vorkommen, stimmt im System aktuell etwas Grundlegendes nicht. Das erklärt dann aber auch schon den Bedarf einer solchen Aufstellung. Man kann demnach herauslesen, dass etwas gewaltig schief hängt! Sollte man dieses unwohle Gefühl mit einem anderen Stellvertreter in Bezug stellen können, haben wir den Verursacher vielleicht auch schnell identifiziert. In diesem Fall muss man genauer auf die Beziehung zum betreffenden Stellvertreter eingehen. Manchmal genügt eine kleine Änderung an dieser Nahtstelle, um eine grundlegende Veränderung im ganzen System wahrzunehmen.

- Wie empfinden Sie die anderen Stellvertreter um sich herum?

Dabei geht es darum, Ihren Bezug zu den anderen Stellvertretern festzustellen. Gibt es beispielsweise Flaschen, die Sie bedrohen oder bedrängen? Wenn Sie unterschwellig ein ganz unwohliges Gefühl im Bezug auf einen Stellvertreter wahrnehmen, kann dieser möglicherweise ein großer Störfaktor sein, der Ihnen zusätzlich noch Angst einjagen kann. Das passiert häufiger bei sehr bedrängenden Stellvertretern, deren Themen im „echten Leben" ähnliche Gefühle auslösen können. Demnach ein klarer Hinweis, sich von dem jeweiligen Stellvertreter zu distanzieren. Wenn es sich bei diesem Stellvertreter beispielsweise um Ihren Arbeitgeber handelt, stellt sich durchaus die Frage, was Sie denn nun dagegen tun können. Viele erleben hier unter anderem äußerst stressige Situationen, Mobbing durch Kollegen oder einen sehr aggressiven und herablassenden Vorgesetzten. Dann wird häufig die Frage gestellt, was man denn dagegen tun kann. Die wenigsten haben die Möglichkeit eines Berufswechsels, weshalb es nur eine Möglichkeit gibt: wie bereits in einem früheren Kapitel ausführlich erläutert, müssen Sie dann Ihre Einstellung zu dem Thema ändern! Die Aufstellung gibt Ihnen nur die Erkenntnis, dass dieses Problem Ihre Lebensenergie deutlich beansprucht und wo Ihr Fokus liegen sollte. Die Maßnahme muss nun langsam von Ihnen erarbeitet werden. Man kann nicht einfach mit dem Finger schnippen und damit die Sichtweise der Situation völlig umdrehen. Am Ende des Buches gibt es einige Erklärungen zu möglichen Optionen an Handlungsweisen, die Ihren Umgang mit einem Thema verbessern können. Alternativ kann ich Ihnen an dieser Stelle nur raten, Ihren Fokus zu ändern. Wenn jemand sich in seinem Beruf einfach nicht mehr wohlfühlt – ist es unabhängig vom eigentlichen Grund – die beste Lösung, wenn Sie Ihren Fokus auf eine andere positive Situation in Ihrem Leben verschieben. Haben Sie beispielsweise ein neues Hobby für sich entdeckt, setzen Sie den Fokus hierauf und versuchen Sie eine andere Sichtweise auf Ihre Arbeit zu bekommen. Beispielsweise können Sie versuchen, diese einfach als Notwendigkeit zu betrachten, um den Lebensunterhalt sicherzustellen. Ihre Energie verwenden Sie besser auf das erwähnte Hobby, Familie oder sonst etwas, was Ihnen wirklich wichtig ist. Wenn es Ihnen also gelingt, langsam Ihren Schwerpunkt zu verschieben, wird die Arbeit Ihre beängstigende Gestalt schrittweise verlieren und Sie können sich wieder an anderen Dingen erfreuen! Wenn Ihnen die Fokusverschiebung nicht als mögliche Option erscheint, bleibt leider nur eine Alternative: das verändern der Situation, also des Jobs innerhalb des Unternehmens durch eine Versetzung oder die Kündigung und der Wechsel zu einem anderen Arbeitgeber! Sich zurückzulehnen und zu sagen, dass beides keine Option ist, bringt Sie wieder dazu, das tote Pferd als Ihr weiteres Reisegefährt zu akzeptieren. Wenn Sie das möchten, steht Ihnen die Wahl natürlich zu, aber dann stellt sich die Frage, ob Ihnen dieses Buch wirklich einen Mehrwert bringt. Die Grundlage für eine Besserung der Situation ist Veränderung – und auch wenn diese oftmals anfangs wie ein gewaltiger unbezwingbarer Berg wirkt, sollte man sich zumindest mal auf den Weg machen, um einen Versuch zu starten, den Gipfel zu erklimmen. Wenn der Berg wirklich zu groß ist, können Sie ja jederzeit umkehren und einen anderen Weg suchen – aber tun Sie das bitte erst nach reichlicher Überlegung und einer klaren Erkenntnis, dass es nicht zielführend ist den eingeschlagenen Weg weiterzugehen. Ansonsten enden Sie ebenfalls am Ausgangspunkt und fahren weiter mit dem im Kreis fahrenden Zug. Oftmals höre ich aber von Personen, die wirklich aktiv werden und etwas Großes umsetzen, dass sie im Anschluss überglücklich und vor allem stolz sind, was sie damit geleistet haben. Viele schlagen an eben dieser Stelle einen völlig neuen Weg ein und überwinden hiermit einen unwegsamen Pfad, der sie aber letztendlich an den Gipfel führt. Und das Schönste daran ist meist, dass sie am Ende des Weges die Erkenntnis gewonnen haben, dass es gar nicht so schwer gewesen war wie erwartet.

Grundsätzlich ist die eigene Position in einer Aufstellung die wichtigste, weil es ja um Sie selbst geht und da natürlich von diesem Blickwinkel aus die Situation gut wahrgenommen werden kann. Deshalb ist es das Primärziel, neben den beschriebenen abstoßenden Empfindungen auch die anziehenden wahrzunehmen. Gibt es also Stellvertreter, zu denen es auffallend häufig Ihren Blick hinzieht? Wenn man sich zu etwas hingezogen fühlt oder sich für einen Stellvertreter ganz besonders interessiert, ist das auch ein äußerst wichtiger Hinweis! Sie können hieraus nämlich interpretieren, wohin Ihre Reise aktuell geht. Wenn man ganz wertfrei an das dort aufgestellte Thema hinfühlt, spürt man dessen Relevanz an Ihrem aktuellen Standpunkt im Leben. Wenn sich jemand beispielsweise neu ausrichten möchte, weil ihm der Lebenssinn abhandengekommen ist und deshalb mögliche verändernde Optionen aufstellt, kann das Interesse den Weg weisen, auf was sich die Person zu fokussieren hat. Genauso verhält es sich bei unseren Stressoren: das interessante Thema sollte sogar vermehrt herangezogen werden, sprich mehr Aufmerksamkeit und Zeit erhalten, weil es einem gut tut und zum aktuellen Zeitpunkt der richtige Weg für Sie zu sein scheint!

Des Weiteren gibt es noch Stellvertreter, die einen gar nicht interessieren und die man kaum wahrnimmt. Das merken Sie vor allem daran, wenn Sie über den Stellvertreter einfach hinwegsehen oder Sie diesen möglicherweise als deplatziert empfinden. So etwas kann beispielsweise nach einer Trennung vorkommen, wenn noch Geldthemen zu klären sind und Sie deshalb die Trennung als Stressor aufgestellt haben. Ich erlebe es häufiger, dass die Personen dann meinen, dass der Stellvertreter in dieser Aufstellung irgendwie falsch wirkt, gar keine Emotion hierzu besteht oder sich im Abseits befindet. Das würde einem im geschilderten Fall die Erkenntnis liefern, dass der Stressor bereits verarbeitet ist, beziehungsweise einfach nicht im Fokus unserer Aufmerksamkeit steht. Demzufolge ist er für Ihren zukünftigen Weg nicht mehr relevant.

Zu guter Letzt gibt es noch den Fall, dass es Ihren Blick zu gar keinem Stellvertreter zieht und Sie gefühlt ständig zwischen den Flaschen hin und her blicken. Wenn Ihnen dabei auffällt, dass es Ihre Blicke ständig suchend auf den Boden zieht oder Sie von einer leeren Position am Boden regelrecht angezogen werden, dann kann man davon ausgehen, dass ein wesentlicher Faktor in der Aufstellung fehlt. Überhaupt ist dies erfahrungsgemäß fast schon der häufigste und zumeist auch wichtigste Fall in einer Aufstellung! Ganz oft übersehen wir mit unserer bewussten Wahrnehmung und im gesteuerten Denken etwas Wesentliches und bekommen dann die Information aus unserem Unterbewusstsein oder dem Feld, welches durch die Aufstellung entstanden ist. Stellen Sie bei einer Aufstellung also tatsächlich den geschilderten Fall fest, müssen Sie handeln, um vorwärts zu kommen. Wenn Sie einen Verdacht haben, was das fehlende Puzzleteil sein könnte, nehmen Sie eine weitere Flasche und stellen diese stellvertretend für das vermutete Thema an die gefühlt richtige Position. Nun müssen Sie erneut kurz warten und dann ihre Blicke registrieren. Wenn Sie merken, dass Sie weiterhin mit den Blicken suchend umherirren und der neue Stellvertreter auch überhaupt nicht interessant für Sie zu sein scheint, dann handelt es sich nicht um das fehlende Teil und Sie können die Flasche wieder aus der Aufstellung entfernen. Ich würde nun aber nicht etliche Flaschen nacheinander für zahlreiche Themen durchprobieren, sondern maximal drei Versuche starten. Da sich das Feld der Aufstellung stetig ändert, müssen Sie sich im Anschluss auch jedes Mal etwas Zeit geben. Warten Sie einfach eine Minute ab, ob sich an der Wahrnehmung der Gesamtsituation etwas ändert oder nicht. Wenn bei allen drei „Probe-Stellvertretern" keinerlei Interesse auftritt und der Blick dann beim neuen Stellvertreter einfach nicht hängenbleiben will, kann man eine weitere Flasche als das „relevante Unbekannte" aufstellen. Nun werden Sie feststellen, dass Ruhe in Ihre umherirrenden Augen einkehrt und Sie auch innerlich spüren, dass keine weitere Suche notwendig ist, weil das Fehlende nun gefunden ist. Problem hierbei ist allerdings, dass wir auch weiterhin nicht wissen, worum es sich genau handelt. Manchmal kommt aber sogar die Erkenntnis, weil ein neues Gefühl spürbar wird oder sich der Zusammenhang mit einem anderen Stellvertreter deutlich fühlbar präsentiert. Dann kann sich eventuell die Gewissheit herausbilden, um was es sich beim Unbekannten denn handelt. In den meisten Fällen ist aber die Identifikation des Stellvertreters gar nicht zwingend nötig, denn die notwendige Ruhe genügt, um mit der Kernarbeit fortzufahren. Damit kann man sich zumindest wieder auf die Bezüge zu den einzelnen Stressoren fokussieren. Manchmal dauert es einfach ein wenig und im weiteren Verlauf stellt sich irgendwann die Erkenntnis ein, was das Unbekannte sein könnte. Wichtig ist an dieser Stelle nochmals zu erwähnen, dass es sich bei Stellvertretern nicht nur um Personen, Firmen, Ereignisse oder Tätigkeiten handeln kann, sondern auch Emotionen gemeint sein können! Jedenfalls sollten Sie Ihre Aufzählung auf dem Notizblatt um den neuen festen Teilnehmer der Aufstellung mit einer fortlaufenden Nummer erweitern – was aus dem Stellvertreter wird, bleibt während der weiteren Aufstellung abzuwarten!

Die Stellvertreter-Positionen

Wenn Sie Klarheit zu Ihrer ICH-Position fühlen, beziehungsweise sich keine neuen Erkenntnisse oder Bewegungen mehr ergeben, kommen wir zu den Stellvertreter-Positionen. Wie bereits erwähnt, sollten Sie sich aber vorab Zeit geben und lange hinfühlen, um sich sicher zu sein, dass in Bezug auf die ICH-Position nichts mehr zu tun ist.

Hiernach starten wir mit dem einzelnen Einfühlen in jeden der Stellvertreter. Beginnen Sie mit der ersten Position unseres Notizblattes. Gehen Sie hierzu zu der betreffenden Flasche und setzen oder knien Sie sich dahinter. Das Sitzen oder Knien ist insgesamt bei der Aufstellung mit Flaschen sehr hilfreich, weil es die Einnahme der Froschperspektive einfacher macht, als wenn Sie über dem Ganzen stehen und dauerhaft aus der Vogelperspektive im Stehen fortfahren. Sie werden schnell den Unterschied Ihrer inneren Emotionen spüren, wenn Sie sich in die Aufstellung begeben und ein Teil davon sind. Sitzend oder kniend wird alles Ablaufende einfacher und meist auch deutlicher spürbar, was Sie natürlich schneller vorwärts und zum Ziel führt. Zusätzlich sollten Sie auch die Flasche wieder mit Ihren Händen umfassen und sich daran festhalten. Nach einiger Zeit sollten Ihrem Unterbewusstsein dann wieder erste Informationen zukommen. Achten Sie zunächst darauf, wie Sie sich an Ihrer Position fühlen!

- Empfinden Sie irgendwelche Emotionen?

Nun können jegliche Emotionen im Unterbewusstsein nach außen drängen: Angst, Unwohlsein oder auch körperliche Missempfindungen können grundsätzlich oder im Bezug zu einem anderen Stellvertreter empfunden werden. Achten Sie zunächst darauf, ob Sie überhaupt in die Aufstellung gehören – oft fühlt sich ein Stellvertreter auch nicht zugehörig, weil er eher fälschlicherweise ins System gekommen ist. In solchen Fällen wird oft das Empfinden spürbar, man wolle weg oder raus aus dieser Aufstellung. Auch gibt es den Fall, dass man alles als völlig unwichtig und daher auch teilnahmslos wahrnimmt. Bei solchen Emotionen spricht das dafür, dass keine Relevanz zu Ihnen, beziehungsweise dem aktuellen System besteht und das stellvertretende Thema entweder schon abgeschlossen ist oder wirklich nicht in die Liste Ihrer vordergründigen Stressoren gehört. Es kann auch ein Fingerzeig sein, um Sie darauf hinzuweisen, dass Sie sich besser auf die relevanten anderen Stellvertreter fokussieren sollten und diesem nicht allzuviel Aufmerksamkeit schenken brauchen. Je nachdem können auch andere Emotionen nach vorn drängen. Die Trauer ist häufig ein fehlendes Gefühl von Zugehörigkeit. Dann sollten Sie ergründen, warum der Stellvertreter sich nicht wohl im System fühlt. Ein Grund kann natürlich sein, dass der Stressor nicht zum aktuellen System gehört, wie sich das auch bei Angst und Unwohlsein häufig zeigt. Andererseits gibt es die Möglichkeit, den Grund für die Trauer zu ergründen, indem Sie wieder andere Stellvertreter im System aufstellen, um die Veränderung hierdurch abzuwarten. Dass etwas fehlt, erkennen Sie erneut daran, dass der Blick des Stellvertreters stetig zu einem leeren Bereich auf dem Boden wechselt und es schwer fällt, die anderen Stellvertreter länger zu betrachten. Sollten Sie nun einen fehlenden Stellvertreter testen, bitte ich Sie erneut darum, nicht etliche Flaschen durchzuprobieren, sondern sich dieses Mal sogar auf ein bis zwei Versuche zu beschränken. Wenn Sie auf das richtige Pferd gesetzt haben und sich das Gefühl von Trauer durch den neuen Stellvertreter verflüchtigt oder gar deutlich verstärkt, haben Sie einen Hinweis, was Sie benötigen könnten, um dem Stressor seinen negativen Einfluss auf Sie zu nehmen oder ihn gar in etwas Positives umzuwandeln. Wenn sich die Trauer verstärkt, gibt es etwas im Hinblick auf den Bezug zwischen dem trauernden Stellvertreter und dem Neuling zu tun: vielleicht eine Aufgabe, damit sich eine Veränderung ergeben kann? Seien Sie hierbei kreativ, analysieren Sie die Situation der Beziehung der zwei Stellvertreter und überlegen Sie, was Sie ändern könnten, um diese Emotion im realen Leben verarbeiten zu lassen. Seien Sie sich immer bewusst, dass es sich um ihre persönliche Aufstellung handelt und demnach auch Sie selbst am besten wissen, was gebraucht wird und was nicht.

- Wohin zieht es meinen Fokus?

Gibt es ein deutlich fühlbares Interesse an einem anderen Stellvertreter oder der ICH-Position, ist hier ein eher positiver Bezug vorhanden, den es beizubehalten oder zu fördern gilt. Oft macht es Sinn, den persönlichen Fokus dann auf die Entwicklung des betreffenden Stressors zu richten – vor allem dann, wenn aus der ICH-Position ebenfalls ein größeres Interesse an dem betreffenden Stellvertreter besteht. Häufig ist eine solche doppelte Interessenbeziehung ein klares Zeichen, wohin Ihr Weg gehen sollte! Denken Sie darüber nach: gibt es bezüglich des Stressors eine Aufgabe, die schon länger erledigt werden sollte? Der häufigste Fall bei solchen Emotionen ist aber, dass Sie sich selbst im realen Leben mehr damit befassen sollten, weil sich daraus eine positive Veränderung ergeben könnte! Das würde bei der genannten Emotion höchstwahrscheinlich zur Auflösung des verbindenden Stresses führen und Sie könnten mit dem stellvertretenden Thema ganz anders umgehen.

Bei der Aufstellungsarbeit fließen häufig auch Tränen, weil die Emotionen durchaus bedrückend sein können und man hierdurch gern melancholisch wird. Lassen Sie solche Gefühle einfach raus – es muss nichts unterdrückt werden – ganz im Gegenteil: es sollte sogar rauskommen, denn vielleicht genügt bereits diese Art der Verarbeitung, um ein Thema loslassen zu können! Schon häufig habe ich erlebt, dass Menschen nach einer entsprechenden Reaktion meinten, das Ganze fühle sich nun leichter und besser verarbeitet an. Sehr oft unterdrücken wir nämlich schmerzhafte Erfahrungen und sind bemüht, nicht in die geschlossene Schublade zu schauen, weil darin ja etwas Schlimmes verborgen sein könnte. Wenn wir dem Thema einfach die Aufmerksamkeit zugestehen, die es noch benötigt, kann sich möglicherweise der Bezug zu Ihnen ändern oder gar auflösen. Daher empfinden viele hiernach ein Gefühl, als wenn etwas nun abgeschlossen oder verarbeitet ist, was zuvor immer bedrückend im Hintergrund zu spüren war.

Die Beziehung zwischen Stellvertretern ist fast genauso wichtig wie die ICH-Position. Hier finden sich häufig die möglichen Maßnahmen, weil man schnell erkennt, welche Themen vorrangig sind. Das äußert sich durch das bereits erwähnte Interesse an einem anderen Stellvertreter. Falls sich die ebenfalls beschriebene Abneigung zeigt, gilt es diese zu lösen. Ansätze hierfür sind folgende:

- Einbringen von neuen Stellvertretern und hinfühlen, ob sich der Bezug hierdurch positiv verändert. Ist dies der Fall, haben Sie den besten Hinweis und vermutlich selbst gleich die beste Idee, welche Handlung die Konsequenz aus der Erkenntnis sein könnte.
- Annahme der Situation: nicht alle aktuellen Lebenssituationen sind veränderbar, daher ist es in manchen Fällen auch unsere Aufgabe, die Situation anzunehmen. Dafür müssen wir lernen (was durchaus schwer sein kann), unseren Fokus auf andere Themen zu legen und das Betreffende somit für uns heruntertransformieren. Wir müssen es also verkleinern, indem wir lernen, dass es aktuell nicht änderbar ist und wir unsere Energie auf die veränderbaren Faktoren richten.
- Die Abtrennung des Themas, was aber nur erfolgen sollte, wenn sein Einfluss auf uns tatsächlich veraltet ist und wir nicht in der Lage sind, damit umzugehen.

Die Abtrennung

Bei Themen, die vergangen und eigentlich abgeschlossen sind, die uns aber weiterhin nicht loslassen, kann eine Abtrennung versucht werden. Solche Fälle treten vor allem nach Todesfällen oder Trennungen auf, wenn aber die Konsequenzen noch am Laufen sind. Beispielsweise ist ein Haus zurückgeblieben, das nun verkauft werden muss oder eine Scheidung noch nicht vollzogen wurde. In diesen Fällen kann ein Seil oder Meterstab hinzugezogen werden. Dieser wird zwischen die ICH-Position und den relevanten Stellvertreter gelegt, sodass eine Abtrennung erfolgen kann. Damit diese Abspaltung auch in unser Unterbewusstsein vordringt, betrachten Sie bitte einige Sekunden in Ruhe den anderen Stellvertreter aus der ICH-Position und beachten ebenfalls die Trennlinie zwischen sich und dem Stressor. Machen Sie sich bewusst, dass es keinen Bezug mehr geben darf und das Thema fortan nicht mehr zu Ihnen gehören soll. Es bietet sich auch an, dies ergänzend verbal gegenüber dem entsprechenden Stellvertreter zu äußern. Es können alle Sätze eingesetzt werden, die sich für Sie hierfür richtig anfühlen. Gleichfalls gilt: nur keine falsche Scheu, einfach raus damit – es kann nichts verkehrt sein! Um das zuvor genannte Beispiel einer Trennung aufzugreifen, bieten sich hierfür folgende Sätze:

- Ich gebe alle negativen Emotionen an dich zurück und lasse Sie bei dir
- Ich empfinde fortan keine Wut oder Aggression mehr dir gegenüber
- Der Bezug zu dir ist nun getrennt und ich gehe meinen eigenen Weg ohne dich

Es handelt sich hierbei lediglich um Beispielsätze, weshalb ich Sie immer wieder gerne ermutigen möchte, selbst aus dem Nähkästchen zu plaudern und das rauszulassen, was Ihnen im entsprechenden Augenblick in den Kopf schießt. Manche führen auch sogar eine kleine Standpauke aus, indem Sie sich regelrecht „auskotzen" und dem Stellvertreter alles nochmal mitteilen, was sie bedrückt. Danach kann ein entsprechender Satz dieses Vorgehen abschließen. Schon oft habe ich erlebt, dass hiernach ein tiefer Seufzer folgte und die Person mit einem Lächeln meinte: „Das musste jetzt mal gesagt werden! Es fühlt sich alles nun gleich viel leichter an!"

Handelt es sich um einen zuvor erwähnten Trauerfall, ist der Inhalt Ihres Dialogs normalerweise ein anderer. Überschneidend kann es natürlich sein, dass Unausgesprochenes noch raus muss. Wenn es sich beispielsweise um einen unerwarteten Todesfall handelt, stehen oft viele Dinge im Raum, die nicht mehr ausgesprochen werden konnten. Ich kann Ihnen daher empfehlen, in den Dialog zu gehen und an dieser Stelle die Dinge auszusprechen, welche nicht mehr persönlich übermittelt werden konnten. Sprechen Sie über den Schmerz des Verlustes, bringen Sie ihre emotionale Verbundenheit zum Ausdruck und sagen Sie dem Stellvertreter, dass Sie ihn vermissen. Auch hier ist es wie im oberen Fall zu handhaben: lassen Sie alles raus, was Sie loswerden möchten! Wenn Sie im Anschluss spüren, dass das Gesagte zu keiner Veränderung geführt hat, bietet sich ein Abschiedsbrief an, den Sie im Anschluss schreiben können. Dieser wird natürlich nicht versendet, aber dient auch dazu, Ungesagtes zu Papier zu bringen und damit aus Ihrem Unterbewusstsein freizulassen.

Die erwähnten Beispiele beziehen sich nun hauptsächlich auf menschliche Bezüge, bedingt durch solche Stressoren. Im Falle von Arbeitsstellen und ähnlichen Themen ist eine Abtrennung oft nicht sonderlich sinnvoll, weil sich in der Regel Ihr Umgang damit ändern soll und nicht eine Abspaltung gewünscht wird. Das würde den Umgang mit dem Stressor nicht zwangsläufig verbessern, weil Sie möglicherweise hierdurch weniger Bezug bekommen und Sie sich fortan noch schlechter zielorientiert damit auseinandersetzen können. In meinen Augen macht die Abtrennung nur dann Sinn, wenn Sie sowieso bereits entschieden haben, dem Arbeitgeber den Rücken zu kehren und ihn aber nur schwer loslassen können. Andernfalls macht eine Abtrennung auch dann Sinn, wenn der Arbeitsstellvertreter Sie hindert und negative ablenkende Gefühle verursacht, während Sie beispielsweise Ihren Fokus und Ihr Interesse auf einem anderen Thema haben. Fühlen Sie sich möglicherweise hingezogen zu einem Hobby, spüren aber stetig ein bedrängendes Gefühl vom Arbeitsstellvertreter, dann sollten Sie versuchen, diesen Einfluss durch eine Abtrennung zu beenden. Legen Sie also wieder ein Seil oder den Meterstab zwischen die ICH-Position und den Arbeitsstellvertreter, warten Sie kurz und beurteilen Sie Ihre Gefühle zu dem dritten

Stellvertreter. Haben sich die Emotionen und das Bedrängende von der Seite verflüchtigt? Falls ja, können Sie fortfahren, ohne von der Arbeit bedrängt zu werden. Im realen Leben heißt das, dass Ihr Weg eigentlich zum dritten Stellvertreter führt und dieser den Fokus Ihrer Energie verdient hätte. Allerdings scheint die Arbeitsstelle Sie so zu bedrängen, dass der Weg zum lösenden Stellvertreter hierdurch blockiert wird. Die Maßnahme hieraus kann unter anderem eine Fokusveränderung sein. Versuchen Sie also, sich vom Job soweit zu distanzieren, dass Sie mehr auf den dritten Stellvertreter fokussiert sind. Wie bereits ausführlich beschrieben, ist das meist ein längerer Prozess, der nicht mit einem einfachen Fingerschnippen erreicht werden kann. Hierfür ist das Überschreiben unserer inneren Denkweise nötig, was fast immer mit einem längeren Veränderungsprozess einhergeht, den nur Sie selbst einleiten können. Hierbei kann Ihnen die Aufstellungsarbeit direkt helfen oder möglicherweise eine der im nächsten Kapitel genannten Methoden zum Stressabbau.

Weitere Informationen zur Aufstellungsarbeit

All die zuvor dargestellten möglichen Empfindungen und daraus abgeleiteten Handlungen sollen entweder direkt eine Bewegung in Ihr System bringen oder Ihnen für die Folgezeit nach der Aufstellung mögliche Handlungsweisen aufzeigen, um eine Veränderung in Gang zu bringen. Wichtig ist bei alldem, dass Sie üben! Übung macht den Meister und sollte Sie daher ermuntern, nicht gleich abzuschließen, wenn aus einer Aufstellung mal keine Erkenntnis folgt. So etwas ist tatsächlich normal und ergibt sich auch immer wieder bei meinen Aufstellungen. Da die gesamte Methode anfangs auch sehr abstrakt wirkt, braucht man ein wenig Zeit, um in das Verfahren hineinzufinden.

Spannend sind vor allem die Aufstellungen, bei denen sich während der Tätigkeit eine Dynamik entwickelt und nach einer empfundenen Starre plötzlich Bewegung reinkommt! Das verändern von Emotionen zwischen den Stellvertretern und auch ein mögliches Hinzufügen neuer Stellvertreter sind hier die typischen Beispiele.

Grundsätzlich gilt: seien Sie kreativ! Wenn irgendwelche Gefühle auftreten, die eine Blockade oder ein altes Trauma darstellen könnten, versuchen Sie es über das Aussprechen von Ungesagtem zwischen den betroffenen Stellvertretern – das bringt oft Bewegung und Verarbeitung ins System. Sie können hierbei nichts falsch machen – im schlimmsten Fall tut sich eben nichts.

Wichtig könnte noch sein, dass das Aufstellen von vermeidlich großen Dingen oft eine gewisse Überheblichkeit auf der betreffenden Stellvertreterposition auslöst. Hiermit sind unter anderem der Krieg, die Heimat, der Tod oder eine Firma gemeint. Man fühlt sich auf solchen Positionen immer dem „kleinen Aufstellungssystem" überlegen: alles wirkt klein, man selbst sieht sich erhaben über allem. Das ist wiederum auch normal, ist aber trotzdem eine interessante Empfindung. Meine Erfahrung hat gezeigt, dass das Einfühlen in eben solche Stellvertreter oft keine neuen Erkenntnisse liefert, denn zum System können sie wenig beitragen. Umgekehrt wirken sie aber auf die anderen Stellvertreter und sind daher von deren Positionen aus durchaus wichtig!

Neben den psychischen Situationen kann auch eine körperliche aufgestellt werden, wie beispielsweise eine Krankheit. Kränkelnde Organe oder manifestierte Erkrankungen haben fast immer ihren Ursprung in der Psyche. Entweder werden sie durch ein spezielles Trauma ausgelöst oder entstehen durch chronische Stresssituationen, die immer wiederkehrend sind oder jemanden dauerhaft betreffen. Die Auswirkungen auf körperliche Themen können daher ebenfalls positiv sein, kommen aber wesentlich seltener zum Vorschein als die psychischen Beeinträchtigungen. Bei Traumen geht man in der Aufstellung eher auf das auslösende Moment und versucht hier eine Bewegung reinzubringen oder etwas aufzulösen. Falls sich bei einer Aufstellung die Empfindungen nicht ändern, kann dies anschließend über diverse Verarbeitungsprozesse angestoßen werden. Hierfür gibt das nächste Kapitel mögliche Optionen. Diese Möglichkeiten können bei chronischen Stresssituationen ebenfalls versucht werden oder noch besser: lösen Sie den Stressor im Rahmen der Aufstellung, beziehungsweise dadurch, dass sie bei der Aufstellung mögliche Lösungsmöglichkeiten ausfindig machen.

Wenn Sie selbst aber merken, dass Sie nicht vorwärtskommen und sich gefühlt keine Bewegung ergibt, scheuen Sie sich bitte nicht, einen erfahrenen Therapeuten zu Rate zu ziehen. Hier kann eine professionell geführte Aufstellung seitens eines neutralen Leiters häufig neue Erkenntnisse liefern und mehr bewegen. Gute Therapeuten geben Ihnen aus einer neutralen Position weitere Sichtweisen an die Hand und arbeiten mit anderen Verfahren, die für Sie dann heilsbringend sein können. Des Weiteren ist es manchmal auch nötig, medikamentös zu unterstützen, womit ich schwerpunktmäßig pflanzliche oder homöopathische Präparate meine, die mir in den letzten Jahren in verfahrenen Patientensituationen gute Dienste geleistet haben!

Wenn Sie es zunächst im Eigenversuch mit Aufstellungsarbeit probieren möchten, lassen Sie sich noch zwei wichtige Dinge mitgeben: Konkrete Situationen wie beispielsweise spezielle Ängste oder belastete Kontakte zu Menschen sollten sich nach einer Aufstellung direkt ändern, wenn ihre Versuche einen Erfolg darstellen. Hier ist sehr selten damit zu rechnen, dass sich erst nach einigen Wochen eine Bewegung ergibt. Bei „chronischen" Themen ist die Veränderung oft mit konkreten Handlungen Ihrerseits verbunden und die Bewegung kommt hierdurch langsam im Laufe der Zeit zum Tragen. Daher macht eine Kontrolle der Veränderungen im System erst nach einer gewissen Zeit sinn – ich empfehle für solche Themen erst frühestens einen Monat später eine „Kontrollaufstellung". Hierbei stellen Sie einfach dasselbe System auf und gehen Sie genau gleich vor, indem Sie sich einzeln in die Positionen einfühlen. Wenn Sie feststellen, dass sich die Positionen und hochkommenden Emotionen bei den einzelnen Stellvertretern positiv verändert haben, dann sollte sich das auch in ihrem Befinden gezeigt haben und Sie sind der Problemlösung einen Schritt nähergekommen! Andernfalls ergeben sich vielleicht in der zweiten Aufstellung neue Problemfaktoren, an denen es nun ebenfalls zu arbeiten gilt. Manchmal muss man sich über mehrere Aufstellungen schrittweise vorwärts tasten, ehe man zu einer großen Lösung kommt.

Kapitel 3: Mögliche Maßnahmen

Methoden zum Stressabbau

Dieses Kapitel könnte ungemein riesig werden, aber da es schon unzählige Ratgeber für Yoga, Meditation und viele ähnliche Vorgehensweisen gibt, möchte ich Ihnen hier lediglich ein paar meiner in der Praxis empfohlenen und bewährten Möglichkeiten, Arbeits- und Vorgehensweisen nennen, um pauschal dem Stressthema entgegen zu wirken. Daher können diese Maßnahmen auch unabhängig von der Aufstellungsarbeit angewendet werden. Wie bereits erwähnt, erhebe ich mit den folgenden Ansatzmöglichkeiten auch keinen Anspruch auf Vollständigkeit und empfehle Ihren das Hinfühlen an die entsprechenden Themen: ist das etwas für Sie und welche Einstellung haben Sie dazu? Wenn Sie spüren, dass es etwas für Sie sein könnte, dann setzen Sie es einfach schnurstracks um! Dann werden Sie schnell fühlen, ob es Sie auch wirklich weiterbringt. Ich kann mich nur wiederholen, wenn ich Ihnen rate, das zu machen, was sich gut anfühlt – Ihre innere Stimme weiß oftmals mehr, als wir bewusst zu glauben scheinen! Außerdem ist das Tun inzwischen bekanntermaßen eine äußerst wichtige Grundlage. Sollten Sie besonderes Interesse an den genannten Tätigkeiten haben, kann ich Ihnen auch nahelegen, weiterführende Literatur zu lesen. Alle der genannten Maßnahmen sind nicht von mir entwickelt, sondern gemeinhin bekannt und werden auch breit gefächert angewendet. Demzufolge finden sich auf dem Buchmarkt zahlreiche Werke, die sich ausführlich mit den einzelnen Themen auseinandersetzen. Ich begnüge mich damit, Sie in die verschiedenen Methoden in knackiger Kürze einzuführen:

1. Struktur schaffen

Hierbei handelt es sich eher um eine Arbeits- und Vorgehensweise als um eine wirklich Stressabbaumaßnahme. Sie klingt auch recht lapidar, kann aber ihren Stresslevel massiv senken, wenn Sie Ihre Arbeitsweise ein wenig darauf ausrichten und diese leben. Mit Struktur ist die Darstellung und Einteilung Ihrer Arbeit gemeint. Oft ist unser Problem, dass wir uns vor Aufgaben nicht mehr retten können und vor lauter Bäumen den Wald nicht mehr sehen. Ich habe es bereits ausführlich erwähnt, aber das stetige Springen von Aufgabe zu Aufgabe kann so lähmend sein, dass eigentlich gar nichts vorangeht und wir unsere wertvolle Zeit damit vergeuden, die einzelnen Aufgaben anzusehen ohne sie umzusetzen. Die richtige Vorgehensweise ist demnach das Schaffen von kleinen Arbeitspaketen. Habe ich ein riesiges Projekt vor mir, erscheint mir der Berg kaum bezwingbar und einfach nur riesig im Anblick. Gehe ich nun aber dazu über, mir eine Aufgabenliste mit vielen kleinen „Meilensteinen" zu generieren, sehe ich den Weg zum Gipfel in vielen kleinen Etappen und demzufolge auch viele Ziele. Das Motivierende daran ist, dass ich mit jedem erreichten Zwischenziel neue Energie tanke, weil mir klar wird, dass ich vorwärts komme! Demzufolge ist der erste Grundlagenschritt also das Schaffen von Arbeitspaketen. Je nach Ihrem persönlichen Typ unterscheidet sich die Art und Weise der angewendeten Struktur. Der eine legt sich auf Papier eine übersichtliche Aufgabenliste für die einzelnen Arbeitspakete an, ein anderer wirft die zugehörigen Unterlagen oder Utensilien auf einen kleinen Haufen in seinem Arbeitszimmer, Esszimmertisch oder anderswo. Letztendlich machen Sie das so, wie es Ihnen am Liebsten ist, denn der Kern der Aufgabe ist nur das Bilden von kleinen Aufgabengruppen. Wenn Sie einen Großteil Ihrer Tätigkeiten in überschaubare Einzelpakete unterteilen, kann das sehr hilfreich für deren Umsetzung sein. Ein typisches Beispiel wäre eine Hausrenovierung. Wenn Sie hier eine Art Projektplan erstellen, auf dem die Einzelaufgaben in kleine Pakete unterteilt sind, gehen Sie auch viel leichter an deren Umsetzung und verbringen nicht zwei Monate auf dem Sofa, schauen sich um und finden immer einen Grund, warum sich das Starten noch verzögert. Damit sich das Aufstellen einer Liste lohnt, braucht es aber nicht gleich ein Mammutprojekt wie eine Hausrenovierung, sondern der Mehrwert tritt auch schon bei kleineren Aufgaben hervor. Das bringt einerseits eine bessere Übersichtlichkeit, andererseits mehr Motivation und Freude, wenn Punkte von der Liste als erledigt gekennzeichnet werden können.

2. Atemübungen

Auch wenn Ihnen diese körperliche Tätigkeit erstmal seltsam vorkommt und Sie darin kaum einen Mehrwert sehen, möchte ich Sie aber trotzdem zu einem Versuch anregen! Schon viele kamen nach kurzer Zeit zu mir und meinten, dass sie diese einfache und schnell umsetzbare Hilfe nicht mehr missen möchten. Bei den Atemübungen geht es darum, den Körper bereits morgens mit Sauerstoff zu versorgen und Giftstoffe abzuatmen. Nutzen Sie es also am Besten als Ersatz für den morgendlichen Kaffee! Stellen Sie sich morgens an das geöffnete Fenster und blicken Sie hinaus. Und wenn Sie nun antworten, dass es Ihnen zu kalt ist, dann ermuntere ich Sie erneut: das macht Sie fitter als der erste Kaffee am Morgen! Atmen Sie nun sehr langsam fünf Sekunden ein und zählen Sie gedanklich mit. Verharren Sie kurz einen Augenblick, ehe Sie langsam sieben Sekunden ausatmen. Diesen Ablauf führen Sie nun einfach zehn Mal aus und schon ist die Aufgabe erledigt. Ist doch gar nicht so schwierig, oder? Nun erkläre ich Ihnen den Hintergrund dieser kleinen Übung, denn durch das Einatmen bekommen wir frischen Sauerstoff in die Lungen, damit sie sich schön aufblähen und entfalten können. Ich brauche vermutlich nicht sehr ausführlich zu erklären, dass Sauerstoff die Grundlage unserer Existenz darstellt, weshalb es durchaus wichtig ist, das Gehirn morgens direkt damit in ausreichender Menge zu versorgen!

Der Schritt des längeren Ausatmens hat nun einen anderen Hintergrund, denn die Lunge ist durchaus ein Organ, welches stark bei unserer Entsäuerung beteiligt ist. Alle sprechen immer vom Entsäuern, regen hierfür Leber, Nieren und Darm an, aber vergessen oftmals die wichtige Lunge! Säuren können tatsächlich abgeatmet werden, was dazu beiträgt, dass unser Körper seine Last vermindert und der pH-Wert in Körper und Gewebe wieder basischer werden kann. Wenn Sie den Turnus von fünf Sekunden einatmen und sieben Sekunden ausatmen beachten, ermöglicht das eine effektive Reduktion Ihrer Übersäuerung! Ganz nebenbei senkt sich hierdurch unser Stresslevel, der sich meist durch hohe Hormonlast und Stoffwechselschlacken darstellt. Diese Rückstände kann der Körper durch die genannte Atemtechnik abbauen und hierdurch wieder mehr Energie gewinnen. Die zurückgewonnene Energie kann Ihr Körper dann durchaus für sinnvolle Aufgaben einsetzen!

3. Unterbewusstsein leeren

Zugegebenermaßen klingt die Überschrift sehr abstrakt, aber ich halte diese Vorgehensweise für eine der effektivsten Neustart-Verfahren! Durch das Leeren der Rückstände aus unserem Unterbewusstsein kann Altes losgelassen werden, es gibt wieder Platz für Neues und Ihre Gedanken kreisen nicht mehr so sehr um Vergangenes. Häufig haben schlimme Ereignisse zur Folge, dass sie sich in unserem Unterbewusstsein verankern und dort nachhaltig Energie binden, die Ihnen selbst nun fehlt. Das merkt man vor allem daran, wenn die Gedanken immer wieder auf bereits Vergangenes springen und sich das in Ihnen mit damit in Verbindung stehenden Emotionen fühlbar macht. Doch die Thematik geht noch weiter: inzwischen hat die wissenschaftliche Forschung gezeigt, dass Traumata und psychische Belastungen in unserer Genetik gespeichert werden und demzufolge auch an unsere Nachfahren weitergegeben werden können! Die Tragweite dieser Feststellung ist groß, denn sie wirft auch ein neues Licht auf die Hintergründe und Entstehungsursachen von psychischen Erkrankungen. Natürlich kann sich dies auch „nur" durch eine niedrige Stressresistenz äußern. Solche Fälle hatte ich bereits häufiger in der Praxis, wenn jemand äußert, dass er sich nicht erklären kann, warum die Belastungsgrenze schon seit jeher so niedrig ist. Manchmal zeigt sich dann beim Anamnesegespräch ein schlimmes Ereignis in der Generation der Eltern. Dass sich diese genetischen Vererbungen immer mit dem in der Folge erläuterten Verfahren auflösen lassen, ist sehr unwahrscheinlich, halte ich aber zumindest für einen hilfreichen Versuch, der mit Sicherheit keinen schädlichen Einfluss hat! Zumindest wirkt er sich sicherlich auf Ihren persönlichen Speicher dieses Lebens aus.

Gehen Sie bitte folgendermaßen vor: wählen Sie sich für die Arbeit drei aufeinanderfolgende Tage aus, von denen Sie wissen, dass es täglich eine halbe Stunde Zeit gibt, in der Sie von niemandem gestört werden.

Setzen Sie sich an einen Tisch, legen Sie einen Block und mehrere funktionierende Stifte vor sich. Dann stellen Sie einen Wecker auf 20 Minuten. Wenn Sie ihn starten, beginnen Sie mit dem Schreiben und setzen den Stift erst nach Klingeln des Weckers wieder ab. Das bedeutet, dass Sie fortan ununterbrochen 20 Minuten schreiben müssen. Hierbei wird alles aufgeschrieben, was einem in den Sinn kommt – völlig egal, um welches Thema es sich handelt, denn der Inhalt des Geschriebenen ist völlig irrelevant! Oft springt man in dieser Zeit von Thema zu Thema, kommen doch plötzlich unerwartete Dinge in den Kopf, die einfach rauswollen und das nun auch dürfen. Sollte Ihnen irgendwann während der Zeit nichts mehr einfallen, dann schreiben Sie genau solche Sätze auf, wie beispielsweise „Mir fällt gerade nichts mehr ein" oder „Ich habe keine Idee mehr, was ich schreiben soll". So etwas ist völlig normal und wird vermutlich während der 20 Minuten auch öfter vorkommen. Aber nach einer gewissen Zeit drängt bereits der nächste Gedanke in Ihr Bewusstsein und Sie können darüber schreiben. Wichtig ist es jedenfalls, auch in solchen Leerlaufphasen den Stift nicht abzusetzen, sondern einfach geradewegs weiterzuschreiben, damit das Bewusstsein nicht das Ablaufen unseres Unterbewusstseins unterbricht. Nach Ablauf der Zeit wird der Wecker Sie daran erinnern, dass Sie die möglicherweise schmerzende Hand wieder zur Ruhe bringen dürfen. Da heutzutage kaum noch jemand gewohnt ist, längere Zeit von Hand zu schreiben, kann das zu kurzfristigen Schmerzen führen – ich selbst habe diese Empfindungen immer mit Wohlwollen wahrgenommen, weil mir bewusst war, dass ich die Aufgabe zu meiner vollsten Zufriedenheit gelöst habe! Sehr oft wird mir berichtet, dass man sich nach

Abschluss des Schreibens durchaus gelöster und irgendwie leerer fühlt. Das trifft vor allem dann zu, wenn es ein konkretes Thema gibt oder gab, womit man sich bereits längere Zeit – mehr oder weniger freiwillig – beschäftigt hatte.

Nun haben Sie einige Blätter vor sich, auf denen irgendwelche zumeist sinnfreie oder zusammenhanglose Sätze stehen. Bitte lesen Sie diese nicht, sondern vernichten Sie diesen Gedankenabfall einfach. Wenn Sie auf Symbolik stehen, dürfen Sie die Blätter natürlich auch sehr gerne entzünden und dabei gedanklich alles loslassen, was Sie zuvor aus Ihrem Inneren zu Papier gebracht haben. Wenn Sie die brennenden Seiten betrachten, können Sie die damit verbundenen Gedanken frei lassen, um sich selbst von ihrem ehemals einnehmenden Charakter zu lösen. Wie eingangs erwähnt, sollte diese Tätigkeit an drei aufeinanderfolgenden Tagen durchgeführt werden, damit unser Unterbewusstsein die wiederholende Möglichkeit bekommt, sich durch den dreitägigen Rhythmus ausreichend zu leeren. Wie bereits erwähnt, fühlen sich nach dieser Tätigkeit viele Menschen einerseits positiv ermüdet, aber andererseits auch innerlich leer und irgendwie gereinigt, was ganz deutlich den schönen Wert dieser Übung unterstreicht.

4. Positives Tagebuch

Diese Methode wurde ebenfalls bereits im Buch erwähnt, doch ich möchte hier nochmals detaillierter darauf eingehen. Legen Sie sich einen Notizblock oder ein leeres Buch mit einem Stift an Ihren Schlafplatz. Fortan haben Sie jeden Tag die abendliche Aufgabe, dass Sie unmittelbar vor dem Einschlafen das jeweilige Datum im Buch vermerken und dann drei Dinge aufschreiben, die an diesem Tag positiv waren. Falls Sie nun erstmal sagen, dass das schwierig wird, jeden Tag drei Dinge zu finden, kann ich Sie gleich beruhigen. Es muss nicht unbedingt gleich der Lottogewinn sein, der hier niedergeschrieben wird! Auch noch so kleine Dinge dürfen auf die Liste finden, wie das Lächeln der Verkäuferin im Supermarkt oder die Freude des Haustieres, wenn Sie von der Arbeit kommen. Es kann sich sogar um das Körpergefühl handeln, wenn man von einer Krankheit genesen ist oder eine bestehende Rheumaerkrankung an einem Tag kaum zu spüren ist. Wenn keine großen positiven Tagesereignisse zu verzeichnen waren, dann müssen Sie eben tatsächlich auf die kleinen Dinge achten – und davon gibt es bei näherer Betrachtung meist mehr, als man zunächst meint! Deswegen denken Sie kurz nach, notieren Sie täglich Ihre drei Punkte und löschen Sie im Anschluss das Licht, bevor Sie zum Schlafen übergehen. Wichtig ist die Routine bei dieser Methode: durch tägliche Bewusstmachung von positiven Ereignissen, programmieren Sie Ihr Unterbewusstsein auf Gutes. Sie überschreiben praktisch Ihre eigenen Nerven- und Gedächtniszellen mit guten Dingen, wodurch Sie selbst die Ausrichtung Ihres Denkens beeinflussen und eine positive Grundeinstellung fördern. Das merken sehr viele meiner Patienten durch eine positivere Grundeinstellung und weniger Gemütsverstimmungen. Damit die Methode allerdings eine Wirkung hat, sollte sie mindestens zwei Monate durchgeführt werden. Manche wollen dieses bessere Lebensgefühl nicht mehr missen und führen das Tagebuch auch dauerhaft – der Aufwand hierfür ist ja verhältnismäßig gering. Wenn Sie sich auch daran halten, die Aufschrift immer unmittelbar vor dem Einschlafen zu notieren ist die Wirkung noch effektiver. Grund ist die schnellere Speicherung im Unterbewusstsein, weil die Informationen direkt in dieses Übergehen und auch in unsere

Schlafenszeit Eingang finden kann. Das macht die Methode ein ganzes Stück schneller und effektiver!

5. Vergebungsbriefe

Hier haben wir ein sehr komplexes Verfahren vor uns, das ich gerne auf die wesentlichen Inhalte komprimieren möchte. Dabei sei vorab erwähnt, dass die Methode in ganz speziellen Fällen angewendet wird, bei denen Sie mit jemand anderem eine negative Verbindung haben. Es geht dabei um das Vergeben und Verzeihen irgendeiner Handlung, Aussprache oder Verhaltensweise einer anderen Person oder Gruppe. Da solche im Unterbewusstsein verhafteten Ereignisse durchaus krankmachende Wirkung entfalten können, ist das Auflösen dieser Verbindung unbedingt zu empfehlen! Die Arbeit unterteilt sich in drei Blöcke, um eine nachhaltige Auflösung zu erreichen. Ich finde es am sinnvollsten, an drei aufeinanderfolgenden Tagen jeweils einen Brief täglich zu formulieren. Einerseits überfordern wir uns nicht mit einer zu großen Aufgabenmenge für einen Tag und andererseits können wir innerlich das Getane verarbeiten und nochmals revue passieren lassen.

Im ersten Schritt ziehen Sie sich an einem ruhigen und terminfreien Nachmittag mit Blättern und Stiften zurück und loten die seelische Verletzung aus, um die es geht. Dann können Sie damit beginnen, einen Brief an die betreffende Person, Gruppe, Firma, Verein oder sonstigem zu schreiben. Wichtig ist hier, dass Sie völlig ungeschönt alles geradeheraus niederschreiben müssen, was Sie bedrückt und verletzt hat. Dabei können Sie auch genau den Wortlaut verwenden, den Sie als richtig empfinden – völlig egal, wie derb dieser sein mag, denn es muss alles raus, was die Verletzung angerichtet hat und aufrecht erhält. Grämen Sie sich also nicht, indem Sie vieles zurückhalten, weil es möglicherweise respektlos oder vorwurfsvoll sein könnte. Genau diese Dinge müssen auf den Tisch, damit sie nicht am Boden vor sich hin schimmeln! Das können Sie auch tatsächlich völlig problemlos und ohne schlechtes Gewissen tun, denn der Brief wird nie den Postweg an seinen Adressaten antreten. Es geht rein darum, völlig unverhohlen Ihre Verletzungen zu äußern, sie aus dem inneren Gefängnis in aller Deutlichkeit herauszulassen. Sie dürfen so lange und so viel schreiben wie Sie möchten, bis Sie spüren, dass nun alles raus ist und gesagt wurde, was in Ihnen zu dem jeweiligen Thema schlummerte. Dann legen Sie Stift und Papier beiseite und atmen tief durch – Sie werden feststellen, dass es sich richtig gut anfühlt, die ganzen Verletzungen zu äußern und jede Wut und Scham in diesen sogenannten „Vorwurfsbrief" zu packen. Damit haben Sie den ersten wichtigen Schritt für nachhaltige Vergebung hinter sich gebracht. Auch hier bleibt es Ihnen überlassen, was Sie mit diesem und den nachfolgenden Briefen machen. Ich selbst empfehle immer das Verbrennen der Briefe, denn die Symbolik steht einfach für das Loslassen der enthaltenen Themen und das tut jedem noch zusätzlich gut, wenn sich das Niedergeschriebene auflöst und losgelassen werden kann, sich von Ihnen verabschiedet und im Rauch davonzieht.

Der zweite Schritt ist für viele hingegen etwas schwieriger, denn dabei wird die Situation gedreht. Wir versetzen uns nun in die Lage unseres Gegenübers! Sprich: wir nehmen die Rolle unseres Peinigers und Verletzers ein. Das kann ein wenig dauern, bis man hierfür bereit ist und sich auch neutral in die gegenüberliegende Rolle einfindet. Wenn Sie sich startbereit fühlen, nehmen Sie erneut Stift und Papier und beginnen einen Brief an sich selbst zu schreiben – und zwar aus der Sicht der Gegenpartei. Überlegen Sie sich dabei ehrlich, was unser Gegenüber für Motive für sein Handeln hatte. Eigentlich sind diese nie durchgehend boshaft und schlecht, weil jeder aufgrund seiner Standpunkte einfach eine andere Sicht auf die Dinge hat und aus seinem Ausgangspunkt richtig handeln möchte. Wichtig ist bei diesem Brief, dass er sich nicht auf Hass und Boshaftigkeit fokussiert, sondern die ganz sachlichen Argumente für das entsprechende Handeln der anderen Seite liefert. Es geht darum, dass sich die Gegenseite rechtfertigt und erklärt. Das macht das Verstehen und demzufolge auch das Annehmen für Sie leichter. Versuchen Sie sich vollständig und vorurteilsfrei in die Lage des anderen zu versetzen und schreiben Sie aus dieser Sicht den Brief an Sie selbst. Oft wird einem währenddessen erst vieles klar und es ergeben sich plötzlich Hintergründe für die Motive des anderen, die einen zustimmend und verstehend nicken lassen. Ich hatte in meiner Praxis einen Fall, bei dem ein Missverständnis dazu führte, dass sich die Angst vor einer Person noch deutlich verstärkte, weil fälschlicherweise die ganze Wut und Aggression der Gegenseite formuliert wurde. Die Patientin beklagte eine ehemalige Freundschaft zu einer früheren Schulfreundin, welche die Freundschaft auflöste und mit dem verbal geäußerten Todeswunsch an die Patienten richtete. Diese litt fortan unter Angstzuständen vor der aggressiven Frau und reagierte mit nächtlichem Zähneknirschen. Erst nach meiner Erklärung, Sie möge die Gegenseite sachlich zu verstehen versuchen, kamen Dinge wie das schlechte Elternhaus der anderen Frau und deren psychische Beeinträchtigung zum Tragen und machten einen rein argumentativen Brief der Gegenseite möglich. Hierdurch verschwand die Angst und das Zähneknirschen wurde langsam weniger. Diesen zweiten Brief dürfen Sie gerne nach der Fertigstellung nochmals durchlesen, um das Verstehen zu fördern. Schon hier ergibt sich häufig eine Veränderung in unserem Empfinden, wenn wir gedanklich auf das Thema im Inneren eingehen. Viele berichteten schon zu diesem Zeitpunkt, dass die Verletzung sich irgendwie schwächer oder gar abgelöst anfühlte, wie im zuvor genannten Beispiel auch geschehen. Im genannten Beispiel veränderte sich die Empfindung der Patientin von Angst in Mitleid.

Doch trotzdem dürfen wir den dritten und letzten Brief unserer Vergebung nicht vergessen, um den Prozess vollständig abzuschließen. Das Schreiben eines Danksagungsbriefes wird das Thema abrunden und kann dazu führen, sich vollständig von seinem früheren negativen Einfluss zu lösen. Wie der Name schon sagt, geht es diesmal darum, alles Positive zusammenzufassen und niederzuschreiben, was uns durch die vorherigen Briefe bewusst wurde und sich zu bedanken. Nach einer Trennung kann in diesem Brief beispielsweise der Dank für die gemeinsamen Erlebnisse und die miteinander verbrachte Zeit verfasst werden. Außerdem darf man darin auch eigene Fehler eingestehen und das Verstehen der Gegenseite äußern, wenn man den Drang dazu verspürt. So schmerzlich manche Erfahrungen auch gewesen sein mögen, sollte einem auch immer bewusst bleiben, dass man an diesen negativen Erlebnissen wächst. Wir entwickeln uns am schnellsten durch genau diese Dinge, weswegen auch ein Dank für die neuen Erkenntnisse und die Möglichkeit der persönlichen Weiterentwicklung niedergeschrieben werden sollten. Geben Sie diesem Brief wirklich alle positiven Emotionen mit, die Sie empfinden und lösen Sie damit die negativen Verstrickungen zu Ihnen nachhaltig auf. Bei diesem Brief besteht theoretisch auch die Möglichkeit, ihn an den Empfänger zu versenden, aber bedenken Sie bitte, dass auf einen solchen Brief auch eine Antwort kommen könnte! Wenn Sie sich nicht sicher sind, ob Sie damit umgehen können, lassen Sie den Brief besser verschwinden, ohne ihn zu übermitteln. Sehr oft wollen Menschen mit einer alten Geschichte einfach reinen Tisch machen und da ist es völlig unerheblich (teils auch unmöglich), ob der Auslöser unserer Verletzung darüber Kenntnis erhält oder nicht. Der Schmerz lag bei uns und genau hier können wir ihn auch lösen – was die andere Seite damit machen würde, ist demzufolge auch unerheblich für unser eigenes Befinden.

Die beschriebene Methode hat sich vor allem zur Aufarbeitung von vergangenen Beziehungen als sehr effektiv erwiesen. Sie kann einem aber auch bei traumatischen Ereignissen eine gute Hilfe leisten, wie dem Verlust eines Menschen oder gar bei einer schweren Krankheit. In letzterem Fall ist der zweite Brief aus Sicht der Erkrankung zu formulieren, was sich häufig anfangs als große Hürde darstellt. Wenn der Betroffene sich dann aber einfühlen kann, sind schon völlig neue Sichtweisen entstanden und haben zu einer Annahme von Krankheit geführt, die wirklich bemerkenswert sein kann!

Reiten Sie der Sonne entgegen

Nun befinden Sie sich auf der Zielgeraden: Sie haben viele Veränderungsansätze geschildert bekommen und ein komplettes Konzept, um mit der Aufstellungsarbeit Schritt für Schritt eine Vorgehensweise zu erarbeiten, die auf Basis einer neuen Transparenz zu Ihrer persönlichen Situation entstanden sein sollte. Wichtig ist aber, dass Ihnen bewusst ist, dass sich der Standpunkt jedes einzelnen im Laufe der Zeit ändert. Demzufolge kann es auch hilfreich sein, die dargestellte Arbeitsweise auf Basis eines neuen Ausgangspunkts erneut durchzuführen. Das macht Veränderungen sichtbar und möglicherweise ergeben sich bei einem weiteren Durchlauf auch erste Erkenntnisse, ob sich an der Situation etwas geändert hat und was hierdurch entstanden ist. Sollten Sie zu der Schlussfolgerung kommen, dass sich noch nichts bewegt hat, empfehle ich auf jeden Fall einen zweiten Anlauf zu starten, um weitere Ansätze und mögliche Fehler zu finden. Letztendlich haben Sie ein klares „Happy End" vor Augen: Sie möchten Ihrem Ziel entgegen reiten – der aufgehenden Sonne! Sollten Sie im Laufe dieses Buches festgestellt haben, dass Ihr Fortbewegungsmittel inzwischen jegliche Lebenszeichen vermissen lässt, seien Sie mutig und steigen Sie ab! Wenn Sie diesen Schritt gemacht haben und Klarheit zur Situation in Ihrem Bewusstsein manifestiert ist, fällt es Ihnen auch leichter, sich nach einem neuen Transportmittel umzusehen. Und wenn Sie inzwischen auch dieses Pferd gefunden haben, dann satteln Sie es gut und springen Sie auf, damit der Ritt starten kann. Lassen Sie sich nicht von irgendwelchen Unwegsamkeiten aufhalten und schaffen Sie sich nicht selbst eine Grube, in die Sie später fallen können. Der bereits abrufbereite Spruch „Ich habe es ja gewusst!" ist dann ebenso unangebracht, wie das bekannte Kinderlied „Hoppe hoppe Reiter, wenn er fällt, dann schreit er!". Deswegen sollten Sie sich selbst im Falle eines Sturzes aufrappeln, den Staub abschütteln und dann wieder auf Ihr Tier aufsteigen, um einen neuen Versuch zu wagen. Das Positive am Sturz ist grundsätzlich die Einsicht, dass Sie sich bereits auf dem Weg befinden, denn von einem toten Pferd ist noch keiner gestürzt!

Und damit wünsche ich Ihnen für Ihre Reise alles Gute, viele schöne, erkenntnisreiche und lehrreiche Erlebnisse, die Sie Ihren Zielen näherbringen!

Kapitel 4: Beispiele aus der Praxis

Fallbeispiel: 26 jährige Frau

Die junge Dame suchte mich aufgrund größerer Beziehungsprobleme auf. Sie war mit ihrem Partner einige Jahre in einer Beziehung und für beide stellte die Gemeinsamkeit auch die erste wirklich nennenswerte Partnerschaft dar. Aufgrund einer zunehmend spürbaren Unzufriedenheit beim Partner der Klientin, gab es Fragen zu dessen Ursprung. Außerdem beschlich die Frau selbst bereits seit längerer Zeit der Gedanke zum Beenden der Beziehung aufgrund der verfahrenen Gesamtsituation. Es gab viele Streitigkeiten, wenig körperliche Nähe und kaum noch gegenseitiges Interesse für den jeweils anderen. Grundsätzlich standen somit die Aussichten schon ziemlich deutlich, sodass die Beziehung wohl leider ihre Daseinsberechtigung eingebüßt haben könnte. Sehr oft zeigt sich das Ende einer Partnerschaft mit genau den genannten Parametern, welche meist das Umfeld schon recht gut erkennen kann, aber die Betroffenen irgendwie besagten Wald vor lauter Bäumen nicht mehr zu sehen scheinen. Daher ging es in der Aufstellung primär um den weiteren Weg der Klientin, schwerpunktmäßig auf die Entwicklung ihrer Partnerschaft.

Aufstellungstitel: Lebenssituation

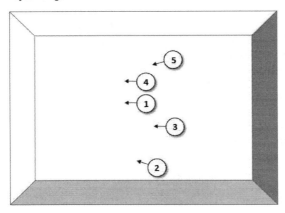

1.) ICH
2.) Partner
3.) Wohnung (aktuell)
4.) Kinderwunsch
5.) Arbeitsstelle (Erzieherin)

Nachdem die Lebenssituation mit ihren Grundpfeilern aufgestellt worden war, drängte sich bei der Klientin aus ihrer jetzigen Vogelperspektive sofort ein Gefühl hervor: es sah irgendwie falsch aus. Betrachtet man die Aufstellung und stellt man das aktuelle Wissen über die Lebenssituation in Bezug dazu, fühlt sich der Kinderwunsch (4) doch recht falsch an, da sich die Klientin gefühlt allein empfindet und die nahe Unterstützung des Partners vermisst.

Ich ließ die Patientin aber zunächst in die einzelnen Positionen hineinfühlen:

1.) Gefühl von Benommenheit / stetiger Blick auf den Boden. / 4 wird sofort als bedrängend und störend empfunden / 5 ist so völlig in Ordnung / Blick primär zu 3
2.) Position fühlt sich nicht gut an / will zwar näher zu 1, aber etwas stimmt nicht

3.) Kribbeliges Gefühl / 2 stört, weil als zu dominant empfunden

4.) Hat keinen Bezug zur Aufstellung

Die Arbeitsstelle (5) wird erstmal nicht näher betrachtet, weil diese von der Klientin als völlig in Ordnung eingestuft wird und wir daher zunächst über die gefundenen Ansatzpunkte weiterarbeiten wollten. Nachdem sich der Kinderwunsch (4) in der gegenwärtigen Situation als störend und fehl am Platz herausgestellt hat, wird der Stellvertreter aus der Aufstellung entfernt. Nach einer kurzen Rücksprache mit der Klientin ist diese sich auch darüber im Klaren, dass es definitiv nicht der richtige Zeitpunkt hierfür wäre.

Da die Klientin sich in ihrer eigenen Persönlichkeit nicht richtig entwickeln kann, möchte sie diesen Teil von sich selbst gerne separat aufstellen, weshalb 6 in die Aufstellung kommt. Des Weiteren stellt sich mir innerlich die Frage, was dem männlichen Partner (2) wohl fehlen könnte und sein abweisendes Verhalten fördert. Mein Verdacht geht in Richtung des Fehlens von sexueller Anziehung und deren Wachheit in genannter Beziehung zur Partnerin. Demzufolge stelle ich ohne eine Erklärung und Definition einen weiteren Stellvertreter in die Aufstellung, der einfach grundsätzlich die Weiblichkeit (7) darstellt. Hieraus erhoffe ich mir Rückschlüsse, ob der Mann tatsächlich ein Problem mit der Klientin direkt und durchaus an Beziehungen zu anderen Frauen Interesse hat oder ob die Wurzel der Ursache woanders liegt:

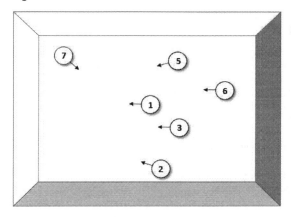

1.) Eigene Persönlichkeit
2.) Weiblichkeit

Nun durfte sich die Klientin erneut in bestimmte Positionen einfühlen und mögliche Veränderungen bewerten:

1.) Seitdem 4 rausgenommen wurde, fühlt sich alles grundsätzlich in Ordnung an / Blick geht nun unruhiger und suchender umher, bleibt aber bald bei 7 hängen. Es entsteht eine Neugierde, aber auch Ratlosigkeit, was damit anzufangen ist

2.) Möchte nun, dass 7 näher bei 1 steht, es wird ein Verlangen spürbar

6.) 5 passt irgendwie nicht rein / Blick fühlt sich stetig zu 7 hingezogen

7.) Will näher zu 1

Schnell kristallisiert sich heraus, dass sowohl die Weiblichkeit, wie auch die eigene Persönlichkeit beide nahe bei der Klientin sein wollen – irgendwie sind sie ja schließlich ein

Teil von ihr, weshalb ich eine weitere kleine Bewegung im System einbauen lasse und die Klientin durch die starke Nähe der beiden Anteile stütze. Zum entsprechenden Zeitpunkt ging ich noch davon aus, dass die Patientin einfach ihre weibliche Seite fördern müsste. Hierdurch könnte sie das Selbstbewusstsein ihrer Persönlichkeit aufbauen und letztendlich auch wieder ein Interesse beim Partner hervorrufen, was zu einer Standpunktänderung bei ihm beitragen sollte. Nach der Veränderung ließ ich die Klientin abschließend erneut in ein paar Positionen einfühlen:

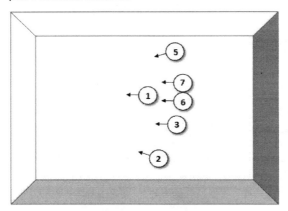

1.) Plötzlich klare Ablehnung Richtung 2 mit dem Zitat „wenn er so weit weg ist, dann soll er lieber ganz weg" / fühlt sich insgesamt stark und richtig an, blickt in die Ferne

2.) Das Interesse an 1 und 7 scheint nun völlig verschwunden; kein Interesse in diese Richtung mehr, eher Blickrichtung ins Leere / fühlt sich nicht mehr zugehörig zur Aufstellung

Recht schnell hat sich bei der letzten kleinen Änderung doch noch eine deutliche Veränderung aufgetan: plötzlich scheint sich der Zeitstrahl verändert zu haben, wie es nur manchmal vorkommt: beim ersten Aufstellen befindet man sich gedanklich in der Gegenwart. Wenn sich im Laufe einer Aufstellung Veränderungen ergeben, bewirkt das auch in seltenen Fällen das zeitliche Voranschreiten einer Situation, sodass man sich irgendwann in der Zukunft zu befinden scheint. Hier war genau das der Fall, denn nun zeigte sich die Veränderung, wenn die Klientin ihre Weiblichkeit mehr fördern würde und hierdurch mehr Selbstbewusstsein aufbauen könnte. Innerhalb von kürzester Zeit war der Wunsch zum aktuellen Partner vollständig verflogen und auch der Partner zeigte deutliche Zeichen, dass er nicht mehr ins System gehörte. Das deutet ebenfalls darauf hin, dass er zur erfühlten Situation keinen Bezug mehr hat, weil er keinen Teil mehr davon darstellt. Zum Abschluss wurde noch kurz ein Fitnessstudio in die Aufstellung gebracht. Für die Klientin fühlte sich dieses sehr gut und frisch an, weil Interesse in diese Richtung vorhanden war und auch in der ICH-Perspektive hierdurch neuer Schwung hereinkam.

Fazit: Die finale überraschende Wendung war des Pudels Kern, denn mit dem Versuch von Persönlichkeitsaufbau hätte die Klientin die Beziehung nur kurz wieder aufbauen können und letztendlich hätte es aber doch zur Trennung geführt. Ich empfehle ein klärendes

Gespräch der Klientin mit dem Partner und auch klare Ansprache der Missstände und der Punkte, die ihm in der Beziehung fehlen. Unter dem Strich scheint hier leider der Fakt zu stehen, dass das längere Fortführen der Beziehung keinen wirklich heilenden Effekt auf die Situation und Lebensperspektive haben kann. Wie bereits in vorherigen Kapiteln beschrieben, scheint es sich beim geschilderten Fall genau um das Kernthema zu handeln: hier wurde ein totes Pferd geritten – und augenscheinlich sogar von zwei Personen. Das Absteigen ist Grundvoraussetzung, dass sich die erstarrte Beziehung entwickeln kann. Wohin dieses Absteigen dann führt ist sekundär, wird aber für beide zu deren persönlicher Entwicklung beitragen – ob das nun in einer gemeinsamen Partnerschaft erfolgt oder auf völlig unterschiedlichen Wegen ist an dieser Stelle erstmal nicht wichtig. Es war jedenfalls aus Sicht der Klientin schön zu sehen, dass durch eine Beziehungsänderung auch sehr viel Elan und Energie zu ihr zurückkehren würde, um sie selbst wieder aus einer völlig erstarrten und frustrierenden Lebenssituation herauszuführen.

Fallbeispiel: 26 jähriger Mann

Beim Patienten hatte sich ein Knacken im Kiefer eingestellt, dass vor allem beim Kauen durch sehr laute Geräusche auffiel. Dem jungen Mann war eine weite Mundöffnung nur schwer möglich, da sich der Kiefer verklemmt anfühlte. Das Problem bestand seit ein paar Monaten und belastete ihn vor allem durch die Wahrnehmung der Problematik von anderen. Demzufolge wurde bei der Betrachtung der Situation auch mit sehr wenigen Stellvertretern aufgestellt, um einen Verursacher für das Problem zu finden.

Aufstellungstitel: Kieferverspannung

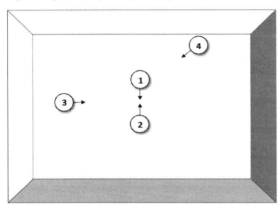

1.) ICH
2.) Kiefermuskeln
3.) Weisheitszähne
4.) Großvater

Zunächst stellte sich eine Konfrontation mit dem Patienten gegenüber seinen Kiefermuskeln (2) dar. Die Weisheitszähne (3) wurden hinzugenommen, weil der Mann das Gefühl hatte, dass es mit der Entfernung der Zähne zu tun haben könnte. Bei ihm wurden wenige Jahre zuvor alle vier Weisheitszähne entfernt und ihn beschlich der Verdacht, dass sich hierdurch etwas am Kiefer verschoben haben könnte. Zusätzlich stand die Option im Raum, dass der verstorbene Großvater in Bezug zum Kieferknacken hätte. Dieser hatte sich einige Jahre zuvor das Leben genommen. Da durchaus häufiger von Verstorbenen noch Einflüsse oder Energien ausgehen, galt es zunächst auch seinen Bezug zum System zu prüfen:

1.) neutrales Empfinden / kein Gefühl in irgendeine Richtung
2.) viele negative Gefühle in Richtung 1 (Hass, Enttäuschung, aber vor allem: Verachtung)
3.) kein Bezug zur Aufstellung
4.) kein Bezug zur Aufstellung

Schnell war klar, dass weder die Weisheitszähne, noch der Großvater einen Bezug zur aufgestellten Problematik hatten. Zwar ergaben sich erste Informationen aus der Aufstellung, doch tappte man zunächst im Dunkeln, woher die negativen Gefühle von den eigenen Kiefermuskeln ausgingen. Höchstwahrscheinlich war aber, dass der Grund für die verspannten Kiefermuskeln im Auslöser der Verachtung lag. In der Folge wurde nun versucht, diese negativen Gefühle zu verändern. Beispielsweise wurde eine Trennlinie zwischen 1 und 2 gelegt, um die Emotion abzuschirmen, was aber nicht gelang.

Fazit: eine direkte Lösung des Problems schien in der Aufstellung nicht zu gelingen, weshalb ich auf den Faktor Zeit setzen wollte. Vielleicht konnte sich durch die Ansteuerung in der Aufstellung erst in der Folge etwas entwickeln. Allerdings ergab sich die Lösung des Problems in den Folgewochen dem Patienten selbst: das Verachtungsgefühl des Kiefers basierte darauf, dass der Patient es nicht schaffte, mit dem Rauchen aufzuhören. In den Folgemonaten beendete er seinen Zigarettenkonsum und stellte auch eine deutliche Verbesserung beim Kieferknacken fest.

Fallbeispiel: 30 jährige Frau

Bei besagter Klientin hatte sich die berufliche Ausgangsposition zu einem Problem entwickelt. Sie war unzufrieden mit ihrer Arbeitsstelle in einer Werkstatt für Menschen mit Behinderung, wollte nach durchgemachtem BurnOut nicht mehr wirklich zurück in den bisherigen Job. Sie hatte aber parallel den Herzenswunsch zu einer neuen Ausbildung als Atem-, Sprech- und Stimmlehrerin entwickelt, wofür sie sich bewerben wollte und wegziehen müsste. Zum Aufstellungszeitpunkt lebte sie mit ihrer gleichgeschlechtlichen Partnerin im Haus ihrer leiblichen Eltern. Um einen Ausweg und vor allem ein neues Ziel zu erarbeiten, stellten wir die Lebenssituation der Klientin auf.

Aufstellungstitel: Standpunkt und Weg

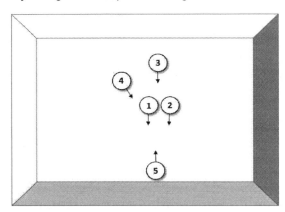

1.) ICH
2.) Lebensgefährtin
3.) Beruf (Behindertenwerkstatt)
4.) Eltern
5.) Ausbildung
(Atem/Sprech/Stimm-Lehrerin)

Sofort stach die Enge von Beruf, Eltern und Partnerin zueinander ins Auge. Eine enge Bindung zur Partnerin ist grundsätzlich eine gute Sache, zumal beide nebeneinander sehr harmonisch in die gleiche Richtung schauten. Oftmals erweist sich aber ab einem gewissen Alter die Nähe zu den Eltern als problematisch, wie sich beim Einfühlen schnell herausstellte:

1.) deutlich energieraubender Zug von 4 / gewisses Druckgefühl mit dem Gefühl des „Ausgelaugt seins" im Bauch seitens 3
2.) Blick geht ins Leere
3.) Sehr fokussierter Blick auf 1
4.) Sehr fokussierter Blick auf 1 / Position wird als stimmig erlebt
5.) Fühlt sich sehr groß / möchte 1 näher haben

Unschwer bestätigte sich meine erste Vermutung, dass die Eltern ihre Tochter nicht loslassen konnten. Auf meine Nachfrage wurde mir von der Klientin bestätigt, dass diese stetig Sorgen um die Tochter hatten und sie keinesfalls gehen lassen konnten. Wie das Einfühlen zeigte, war für die Eltern die Situation aber in dieser Form in Ordnung und sie sahen keinen Grund für Veränderung. In diesem Fall muss die Klientin den Schritt des Abstands einleiten, weil er von den Eltern wohl nicht zu erwarten sein würde. Das sogenannte Loslassen bedeutet eigentlich nur, dass Eltern ihrem Kind das Vertrauen aussprechen, dass es selbst für sich und sein Leben sorgen kann. Hierbei können – und sollen – die Eltern zwar weiterhin für ihren Nachwuchs da sein, aber nicht mehr in der bestimmenden Rolle von Erziehungsberechtigten. Somit war ein wichtiger Faktor die Abnabelung von den Eltern, aber auch vom bisherigen Arbeitgeber. Hier bestätigte sich das, was die Klientin vorab schon gefühlt hatte: sie wollte nicht in den Beruf zurück und sollte das auch nicht tun. Dass der Beruf sie zurückhaben wollte war zu erwarten, aber das ungute Bauchgefühl in Richtung von Burnout-Beschwerden bei der Klientin bestätigten den negativen Einfluss des bisherigen Jobs.

Eher positiv wurde hier die Herausforderung der neuen Ausbildung (5) erlebt, weil sie auch die Klientin bei sich haben wollte. Demzufolge agierten wir verändert auf das System:

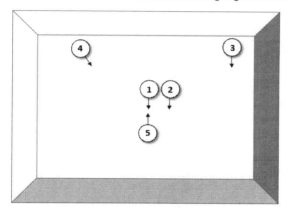

1.) Atmen wird leichter / Muskeln entspannen sich spürbar
4.) Verliert den Fokus auf 1

Durch die Änderungen der Abstände fühlt sich die Klientin plötzlich körperlich viel besser: das Atmen wird leichter und die Muskeln im Körper entspannen sich. Die Ausbildung ist nun sprichwörtlich in greifbare Nähe gerückt und fühlt sich dort auch gut an, während der bisherige Job (3) auf Abstand geht, ebenso wie die Eltern (4). Interessanterweise wird beim Einfühlen in diese Position sogar spürbar, dass die Loslösung sich gut anfühlt und von der Stelle der Eltern auch akzeptiert und als richtig empfunden wird.

Fazit: Erfreulicherweise hat sich bei dieser Aufstellung sehr schnell gezeigt, dass die neue Ausbildung der nächste richtige Schritt für die Klientin darstellt. Grundlage hierfür war die Loslösung von der bisherigen Arbeitsstelle durch eine ordnungsgemäße Kündigung und Verabschiedung von den Kollegen. Auch die Abnabelung der Eltern war nötig, um den Schritt zur Ausbildung zu machen. Die Klientin setzte alle notwendigen Schritte um und meldete sich in der Folge bei mir, um zu berichten, dass sie die Ausbildungsstelle erhalten habe und sich seitdem deutlich besser fühle!

Fallbeispiel: 53 jährige Frau

Bei der Frau hatte sich eine hartnäckige Schulterverspannung bis hin über den gesamten Arm manifestiert, die auf diversen Wegen jeglichen Behandlungen trotzte und keine Besserung zeigte. Aufgrund einiger aufwühlender Ereignisse aus den vergangenen Monaten, entschieden wir uns zu einer kurzen Aufstellung, um etwas über die mögliche Ursache der Armproblematik zu erfahren.

Aufstellungstitel: Armschmerz

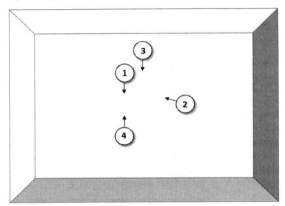

1.) ICH
2.) Armschmerz
3.) Vater (verstorben)
4.) Immunsystem

Das Immunsystem war aufgrund der insgesamt schlechten gesundheitlichen Befindlichkeit in der vergangenen Zeit mit aufgestellt worden, um einen möglichen Zusammenhang aufzudecken. Allein schon die Position zwischen der Patientin (1) und dem Immunsystem (4) gegenüber weist auf ein gewisses Spannungsfeld hin, als würden beide in Konfrontation stehen. Der Armschmerz (2) betrachtet das Schauspiel von der Seite und der kürzlich verstorbene Vater (3) steht im Rücken der Frau. Nach dieser kurzen Erstbetrachtung lies ich die Patientin in die verschiedenen Positionen einfühlen:

1.) Spürt den Armschmerz deutlich, kann aber nicht zu 2 hinsehen und verliert sich in der Leere
2.) Blickt genau zu 1; Gefühl von Angriffslustigkeit, aber nicht boshaft
3.) Kein Bezug zur Aufstellung
4.) fühlt sich von 2 gestört

Hierbei zeigte sich sofort, dass der verstorbene Vater (3) mit der gesamten Thematik überhaupt nichts zu tun hatte, da weder sein Stellvertreter noch irgendjemand anders irgendein Interesse im Rahmen des Armschmerzes zu ihm hatte. Spannend war das Herausfordern des Schmerzes (2) an die Patientin. Der Patientin kam eine Idee, weshalb der Vater aus der Aufstellung entfernt wurde und sie stattdessen als weitere Position die Selbstliebe aufstellte:

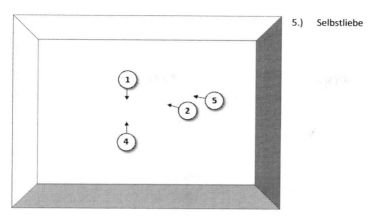

5.)   Selbstliebe

Diese wichtige Emotion der Selbst- oder Eigenliebe wurde überraschenderweise stützend hinter den Armschmerz gestellt. Auch wenn sich zunächst rein optisch nicht viel verändert hatte, ergaben sich beim Einfühlen klärende Punkte:

1.) Armschmerz fast völlig verschwunden
2.) Fühlt sich gut

5.) gute Position, klärend für den realen Schmerz

Recht schnell ergab sich ein stimmiges Bild, das zur großen Überraschung tatsächlich den real existierenden Armschmerz direkt während der laufenden Aufstellung vollständig verschwinden ließ. Eine gewisse ruhige Harmonie machte sich auf allen Positionen breit und die doch so simple Schlussfolgerung entkam der Patientin selbst, dass sich wohl durch irgendeinen Umstand ein Teil von ihr nicht angenommen fühlte und sie dem Ganzen durch vermehrte Selbstliebe begegnen konnte und musste.

Fazit: Zwar hatte die Patientin einen deutlichen Hinweis auf die Wurzel des Ganzen erhalten, aber die Aufstellung wurde – im Nachhinein betrachtet – vielleicht einfach zu früh beendet. Die Patientin nahm gute Emotionen durch die Annahme des Armschmerzes als Teil von sich und auch der Selbstliebe zu sich und dem beeinträchtigten Körperteil mit nach Hause, doch wollte sich dieser Zustand nicht verankern lassen. Die Schmerzen waren bereits kurze Zeit später wieder spürbar und ließen sich auch in der Folge durch andere Methoden nicht behandeln. Zu einer zweiten Aufstellung kam es leider nicht mehr, aber hier bestand eine gute Chance, das Problem und damit die Muskelverspannungen zu lösen, denn die Veränderung während der Aufstellung zeigte ganz deutlich, dass man sich unmittelbar vor der Lösung befand und scheinbar nur unweit hiervon eine falsche Konsequenz gezogen hatte.

Fallbeispiel: 27 jährige Frau

Die junge Dame äußerte das Fehlen von Lebensfreude. Sie war insgesamt ein sehr positiver und fröhlicher Mensch, doch schien das gute Gefühl eines tieferen Sinnes im Leben abhandengekommen zu sein. Die Frau beschrieb die Situation eigentlich als gut – alles schien in ihrem Leben zu passen und auch richtig zu laufen, aber ein grundsätzliches Verschwinden der Lebensfreude machte ihr durchaus Sorgen. Demzufolge stellten wir umfangreich alle Faktoren ihres aktuellen Lebens auf.

Aufstellungstitel: Lebensfreude

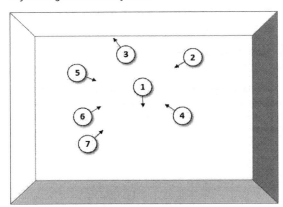

1.)	ICH
2.)	Lebensfreude
3.)	Beruf (Erzieherin)
4.)	Freiheit
5.)	Freunde
6.)	Eigene Kinder
7.)	Partner

Die Aufstellung hatte schnell ein gewisses Volumen erreicht, doch zeigte sich bislang nur auf den ersten Blick, dass sich der Beruf von der Patientin zu entfernen schien. Entweder hatte der Beruf der Erzieherin (ich habe tatsächlich interessanterweise eine große Anzahl an Erzieherinnen in meinem Patientenkreis) sich von ihr abgewandt und war verursachend für das Problem oder er hatte mit dem fehlenden Gefühl an Lebensfreude gar nichts zu tun. Schon vor dem Einfühlen äußerte die Patientin, dass sie ihr Beruf nicht mehr vollständig erfüllte und sie sich nach einer Veränderung sehnte. Das Einfühlen verstärkte eine der beiden Richtungen:

1.) Leere; kein Bezug zu dem Ganzen – etwas scheint zu fehlen / 7 ist gut, aber der Abstand ist in Ordnung
2.) Deutlicher Bezug zu 1

Aufgrund der zahlreichen Stellvertreter ließ ich die Patientin sich nicht in alle Positionen einfühlen und ich stoppte bereits bei der Lebensfreude (2). Im weiteren Gespräch verhärtete sich der Verdacht, dass sich die Patientin nach einer beruflichen Veränderung sehnte – Kinder waren zum aktuellen Zeitpunkt noch nicht gewollt und das fühlte sich auch völlig richtig an. Die noch frische Partnerschaft sollte sich erst vertiefen, war aber völlig problembefreit. Freiheit und Freunde waren beide zugehörig im Leben der Patientin und im Einklang, hatten aber keinen tragenden Einfluss. Schnell äußerte die Patientin, dass sie sich für Meditation interessierte und mit einer damit verbundenen Ausbildung parallel zum Hauptberuf liebäugelte:

8.) Meditationsausbildung

Diese kleine Veränderung brachte die – zugegebenermaßen vorher schon wahrscheinliche – Lösung auf das Silbertablett! Wie bereits in meinem Buch häufiger erwähnt, geht es vielen Menschen so, dass sie die Lösung ihrer Probleme eigentlich schon klar vor Augen haben, aber sie irgendwie aus ihrer Froschperspektive nicht wahrnehmen können. Das zeigte sich auch in dieser Aufstellung, denn mit dem machbaren Blick aus der Vogelperspektive fiel es der Klientin wie Schuppen von den Augen, dass es eigentlich nur einen richtigen Weg in ihrer aktuellen Lebensphase gab. Das kurze Einfühlen sollte das auch bestätigen:

1.) Bezug zu 8, gutes Gefühl

8.) nur Blick zu 1; möchte sie nicht aus den Augen lassen! Herzschlag beschleunigt sich aufgeregt

Fazit: Wie ich es bereits häufiger erlebt habe, ziehen sich eine Person und der weitere Lebensweg magisch an. So zeigte sich auch in dieser Aufstellung unmissverständlich, dass es Zeit für eine Veränderung war. Da es sich um einen sicherheitsliebenden Menschen handelte, habe ich ihr im Gespräch die Möglichkeit einer parallel zum Hauptberuf stattfindenden Ausbildung weiter erläutert, was der Patientin die Unsicherheit zum anstehenden Schritt nahm. Bereits wenige Monate später hatte sie ihre Lebensfreude zurück, denn die innerlich bohrende Unzufriedenheit hatte sich mit dem Schritt zur Meditationsausbildung verabschiedet.

Fallbeispiel: 62 jährige Frau

Die Frau hatte vor einigen Jahren eine größere innerfamiliäre Spannungssituation auszuhalten, was ihrer Psyche ziemlich zusetzte. Aufgrund des Wunsches ihres leiblichen Vaters in ein Pflegeheim zu kommen, setzte sie sich hierfür ein. Sie kümmerte sich bereits zuvor viel um den Vater, doch ihre drei Brüder ließen sich im Gegensatz nie bei ihrem Vater sehen. Dass es in der Familie ein Spannungsverhältnis gab, stellte sich schnell bei der Aufstellung heraus.

Aufstellungstitel: Familiensituation

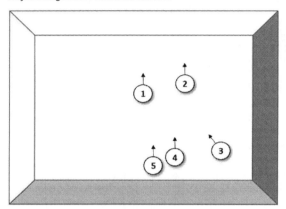

1.) ICH
2.) Vater
3.) Bruder 1
4.) Bruder 2
5.) Bruder 3

Die Frau stellte noch die Ehefrauen und ihre Kinder auf, doch alle diese Personen hatten im weiteren Verlauf keine Rolle in der Aufstellung, blähten diese nur unnötig auf und sind daher in obiger Aufstellung auch nicht aufgeführt.

Als erstes stachen bei der Aufstellung sofort die Positionen und Blickrichtungen der Stellvertreter ins Auge: Sowohl die Frau selbst, wie auch ihr nahestehender Vater (2) hatten sich von den Brüdern (3-5) abgewandt. Diese beobachteten das Geschehen aus sicherer Entfernung. Die Ausgangskonstellation war anhand der ersten Situationsbeschreibung der Patientin auch nicht überraschend, doch zeigte sich beim Einfühlen in die entsprechenden Positionen schnell das Gefühl der Frau selbst: sie empfand eine deutlich spürbare Trauer auf ihrer Position, fühlte sich von hinten bedrängt, litt mit einem schwachen Selbstwertgefühl darunter und hatte seitdem eine chronische Krankheit entwickelt. Sie erinnerte sich sofort an die vielen Vorwürfe der Brüder, welche zunächst sie verantwortlich dafür machten, dass der Vater ins Heim gekommen war. Die Erklärung, dass es der Wunsch des Vaters war, wurde ignoriert. Erschwerend kam hinzu, dass solche Diskussionen in der Familie nie offen geführt wurden und der Vater daher von seinen Söhnen auch nicht einmal direkt dazu befragt worden war. Das große Misstrauen und die Vorwürfe der Brüder hatten bei der Patientin eine tiefe Enttäuschung zurückgelassen. Als eine schwere Operation beim parkinsonkranken Vater im Krankenhaus anstand, war erneut keiner der leiblichen Söhne bei ihm und die Frau verbrachte sehr schwere Stunden damit, ihren Vater nach der Operation zu beruhigen, weil er unter starker nervöser Aufregung litt. Kurze Zeit später verstarb der Vater im Krankenhaus und erneut wurden der Frau massive Vorwürfe seitens der Brüder gemacht. Der Grundtenor war eindeutig: sie mache alles falsch!

Diese Themen hatten sich ins Unterbewusstsein der Patientin eingebrannt und sie konnte nur unter Tränen von den bereits Jahre zurückliegenden Ereignissen berichten. Da solche starken Reaktionen auf bereits lange Vergangenes deutlich zeigen, dass ein Trauma entstanden ist, ging es im weiteren Verlauf darum auszusprechen, was früher nicht gesagt worden war. Die Aufstellung brachte das gesamte Erlebte zutage und zeigte schnell, wo die Probleme entstanden waren. Weil sich während der Aufstellungsarbeit die Konstellation nicht lösen ließ, sollte die Patientin einen Brief an jeden der Brüder schreiben, in dem sie schonungslos ihr Empfinden niederschreiben durfte. Dabei waren auch mal ihre Vorwürfe an der Reihe ausgesprochen zu werden und endlich den tiefsitzenden Klos loszulassen. Die Briefe wurden im Nachgang im Garten vergraben und nicht an die drei Brüder versendet. Trotzdem berichtete die Patientin hiernach sehr gefasst über die Situation und konnte ohne Tränen über ihr Empfinden berichten.

Fazit: Das Niederschreiben der persönlichen Rechtfertigung und Abrechnung mit den Brüdern ließ das Trauma verarbeiten und hatte der Patienten eine große Lebensfreude zurückgebracht, die bereits lange verschwunden gewesen war. Sie selbst beschrieb die Verarbeitungsphase damit, dass ihr ein Stein vom Herzen gefallen war und sie ihren ganzen Körper wieder viel freier und leichter wahrnahm, was sich auch auf die Beschwerden durch die chronische Erkrankung positiv auswirkte.

Schlussbetrachtung

Ich hoffe, Ihnen die Möglichkeiten und den Ablauf der Aufstellungsarbeit mit meinen Praxisbeispielen nähergebracht zu haben und ihn auch verdeutlichen konnte. Wie bei allem im Leben, braucht es ein wenig Übung, um in diese Arbeitsweise hineinzufinden und logische Schlussfolgerungen ziehen zu können. Wie sie vielleicht schon häufiger gehört haben, ist noch nie ein Meister vom Himmel gefallen – demzufolge können Sie sich nur über fleißiges Üben entwickeln und einen größeren Nutzen aus der Aufstellungsarbeit für sich und ihre Lieben entstehen lassen. In manchen Lebenssituationen benötigt es aber auch einfach die Unterstützung von fachlicher Seite. Daher nochmals mein Rat: scheuen Sie sich nicht, einen Fachmann zu Rate zu ziehen, wenn Sie merken, dass Sie sich an einem Lebenspunkt befinden, an dem es tiefere Hilfe braucht! In Eigenregie des stillen Kämmerleins ist es oftmals nicht so einfach, tiefgreifende Probleme und Zwickmühlen zu lösen, weshalb ich Ihnen abschließend erneut den Rat geben möchte, sich in einer solchen Situation an entsprechende Fachpersonen zu wenden! Das hat nichts mit Schwäche oder Unvermögen zu tun, sondern einfach auch damit, dass uns im Leben immer dann die richtigen Personen zur Seite gestellt werden, die wir für die nächsten Leitersprossen unseres Lebensweges benötigen. Also nehmen Sie gerne die helfende Hand an, die sich Ihnen entgegenstreckt!

Haftungsausschluss und rechtliche Hinweise

Die Inhalte dieser Seiten sind keine Heilaussagen. Die Diagnose und Therapie von Erkrankungen und anderen körperlichen Störungen erfordert die Behandlung durch Therapeuten. Die Informationen auf diesen Seiten sind ausschließlich informativ, sie sollen nicht als Ersatz für eine ärztliche Behandlung genutzt werden. Das mit einer falschen Diagnose oder Behandlung verbundene Risiko kann nur durch die Einbeziehung eines Arztes oder Heilpraktikers verringert werden.

Wie jede Wissenschaft ist die Medizin ständigen Entwicklungen unterworfen. Forschung und klinische Erfahrungen erweitern unsere Erkenntnisse, insbesondere was Behandlung und medikamentöse Therapie anbelangt. Soweit auf diesen Seiten eine Anwendung, Dosierung oder ein bestimmtes medizinisches oder ernährungstherapeutisches Vorgehen erwähnt wird, kann keine Gewähr hierfür übernommen werden. Der Autor übernimmt explizit keine Verantwortung für Druckfehler.

Jeder Benutzer ist angehalten, durch sorgfältige Prüfung und gegebenenfalls nach Konsultation eines Spezialisten festzustellen, ob die gegebenen Empfehlungen und Richtwerte im konkreten Fall zutreffend sind. Jede Dosierung, Anwendung und Therapie erfolgt auf eigene Gefahr des Benutzers.

Weshalb wir von einer Selbstbehandlung dringend abraten:

Die Kontrolle der Veränderungen durch die Aufstellungsarbeit ist für viele Menschen nur schwer möglich. Daher empfehle ich zusätzlich zu den eigenen Analysen auch eine Fachperson hinzuzuziehen.

Über den Autor

Mario Bossert wurde 1984 in der Stadt Nördlingen, im deutschen Bundesland Bayern, geboren.

Bevor er seinen alternativen Weg einschlug, machte er eine Ausbildung auf einem fachfremden Gebiet und war dort zehn Jahre tätig, ehe er durch einen persönlichen Schicksalsschlag die Ausbildung zum Heilpraktiker im Jahr 2011 begann. Seine Prüfung legte er im Jahr 2013 ab und eröffnete kurz darauffolgend eine Naturheilpraxis. Anfangs arbeitete er mit nur wenigen Therapieverfahren und kam dann aber schnell zu der Erkenntnis, dass die Psyche häufig ein wesentlicher Faktor bei gesundheitlichen Themen darstellt und man diese für eine dauerhafte Veränderung nicht außeracht lassen darf. Aufgrund dessen suchte er nach Möglichkeiten, um diese Lücke in seinem Therapieablauf umfassend zu schließen. Verschiedene Methoden wurden getestet und waren zumeist aber nur bedingt erfolgreich. Erst die Hinzunahme einer speziellen psychotherapeutischen Methode und ergänzend die Aufstellungsarbeit nach Dr. Hellinger schlossen die Lücken. Daraus entwickelte sich eine eigene Therapiemethode, die seitdem in der Praxis effektiv angewendet wird.

Inhaltsverzeichnis